www.ingramcontent.com/pod-product-compliance
Lightning Source LLC
Chambersburg PA
CBHW070736020526
44118CB00035B/1389
9781069132406

تاب‌آوری در دنیای همیشه در تغییر

داستان‌هایی ناگفته و واقعی از استمرار علی‌رغم سختی‌ها

به قلم نویسندگانی از سراسر جهان

پیش‌گفتار از **مایکل بانگی استنیر**

نویسندهٔ کتاب **عادت مربی‌گری**

NORTHSTAR SUCCESS

فهرست

پیش‌گفتار ۷

دکتر شهاب اناری

کوچینگ و تاب‌آوری در دنیای همیشه در تغییر ۱۱

دکتر نغمه احمدی

زندگی در مسیر رسالت وجودی ۲۱

محسن خاکی

مسیر چالش‌ها: از معناداری تا پیوستگی ۳۵

الهام ذکایی

سفرِ بند ناف با مادرِ آسیب‌پذیرِ حمایتگرِ عشق‌آگاه! ۵۱

مهدی رامشی

برویم و فقط عشق بورزیم، دریچه‌ای به ارتباطات بهتر ۶۵

باربد رییسی

۷۸۶ فراتر از ایده‌آل؛ سفری در قلب کوچینگ با باربد ۷۷

سمیرا صابری

از سرگشتگی فقدان تا حرکت به سمت نور ۹۷

امین مینایی‌فر

دورِ دور، نزدیکِ نزدیک داستانی از مهاجرت و تحول فردی ۱۰۹

محمدرضا نگهدار مجرد

رقص در آغوش تغییر ۱۲۵

سعید هادی‌زاده کاخکی

کبوترخانه‌ها الگوی تعامل تاب‌آورانه با طبیعت ۱۳۹

لیلا هیرمند

فراموشی و تاب‌آوری ۱۵۵

لیدا یوسفی

خواستن برخاستن است ۱۶۹

کپی‌رایت ۲۰۲۴ شرکت نورث استار ساکسس. تمام حقوق قانونی این اثر محفوظ است.

برای سفارش عمدهٔ کتاب و درخواست مجوز استفاده از این اثر، با ایمیل شرکت به آدرس زیر تماس بگیرید.

support@northstarsuccess.com

به این وسیله گواهی می‌شود که بر اساس بخش ۷۷ از قانون کپی‌رایت طراحی و ثبت اختراعات، شرکت نورث استار ساکسس مالک قانونی این اثر است.

شابک: ۳-۱-۰۶۹۱۳۲۴-۱-۹۷۸

هیچ بخشی از این اثر را نمی‌توان چه برای استفادهٔ عمومی یا خصوصی اسکن یا کپی کرد، ذخیره‌سازی آن به هر وسیله‌ای، چه الکترونیکی، چاپی، فتوکپی، ضبط‌شده یا غیره خلاف قانون است. در مقالات علمی و مقالات مروری به‌صورت کوتاه، بدون اجازهٔ قبلی از شرکت نورث استار ساکسس می‌توان از این کتاب با ذکر منبع نقل‌قول کرد.

این اثر غیرداستانی است و هر شباهت اسمی، خصوصیات شخصی و جزئیات افراد چه زنده و چه مرده، به‌صورت کاملاً تصادفی و غیرعمدی است. نویسندگان اثر، مسئول محتوا و نظرات مطرح‌شده هستند. از ابزارهای هوش مصنوعی برای کمک به ترجمه و ویرایش محتوای نوشته‌های نویسندگان استفاده شده است. محتواهایی که با هوش مصنوعی ایجاد یا ترجمه شدند، همگی با رعایت قوانین

کپی‌رایــت بودنــد.

خواننــده مســئول اعمــال و نتایــج خــود اســت و در صــورت نیــاز بــه مشــاورۀ حرفــه‌ای یــا حقوقــی، بایــد بــه دنبــال خدمــات تخصصــی مربــوط باشــد. بــرای ســفارش کلــی کتــاب و تخفیــف ویــژه بــرای تبلیغــات، جــذب ســرمایه و اســتفادۀ آموزشــی، لطفــاً بــا شــرکت نــورث اســتار ســاکسس تمــاس بگیریــد. تهیــۀ گزیده‌هــای کتــاب هــم در صــورت نیــاز امکان‌پذیــر اســت.

منتشرشده در شرکت نورث استار ساکسس

🌐 www.northstarsuccess.com
 support@northstarsuccess.com
 Tel: +1 647 479 0790

پیش‌گفتار

هستی‌ات را آتش بزن و در پی کسانی باش که بر آتش وجودت بدمند.

مولانا[1]

گاهی در زندگی در بزنگاهی چیزها آتش می‌گیرند، ویران می‌شوند و فرو می‌ریزند.

این اتفاق ممکن است در مورد پروژه‌ای که مشغول آن هستید بیفتد، یا در مورد رابطه‌ای که در آن هستید و یا در مورد سلامتی روح و روانتان.

ناگهان اوضاع بحرانی می‌شود

در دنیایی که هر دم در حال تغییر است، شما نیز باید تغییر کنید. سکون در چنین دنیایی، هر قدر هم در اوقاتی به شما حس ثبات بدهد، طبیعی نیست. لازم نیست همیشه شما تغییرات را رقم بزنید: هستی، خود رو به بی‌نظمی میل می‌کند.

اما فارغ از اینکه اوضاع چقدر بحرانی است، اولین قدم در مسیر تاب‌آوری، چنان‌که مولانا توصیف می‌کند، این است که سوختن را یاد بگیریم.

«آری» گفتن به خودِ آینده‌تان، مستلزم «نه» گفتن به خودِ اکنونتان است. این‌چنین خود را تبدیل می‌کنید به بهترین نسخه از آنچه هستید و آنچه خواهید بود.

لازمهٔ فرار از وضع موجود متوسل شدن به چیزی است که دست‌کمی از خشونت ندارد و از سر گذراندنِ خشونت لازمه‌اش تاب‌آوری است.

---

۱ نقل به مضمون

به عقیدهٔ من، تاب‌آوری لزوماً به معنای جان سالم به در بردن نیست، بلکه به معنای حیات دوباره یافتن هم می‌تواند باشد. نمی‌شود با خاکستر چیزی را از نو ساخت. اما خاکستر خاک را غنی می‌کند و از این خاک جوانه‌های سبز سر برمی‌آورند.

به باور من، وقتی مولانا این آموزه را ارائه می‌دهد که «در پی کسانی باش که بر آتش وجودت بدمند»، مرادش از این کسان (هرگز) آتش‌افروزان نیست. احتمالاً منظور مولانا از آن‌ها کسانی است که وقتی شما تغییر را تجربه می‌کنید، مشوقتان هستند.

در زندگی جبران به سه چیز وابسته است:

اول، درک اینکه چه چیزی جوهرهٔ هویت شما را تشکیل می‌دهد، چه چیزهایی برایتان مهم است، پای چه چیزهایی می‌ایستید و چه می‌خواهید. تقویت این دانایی در خود یک عمر زمان می‌برد، اما اگر به ندای درونتان گوش جان بسپارید، درجا بسیاری از پاسخ‌ها برایتان روشن خواهد شد.

دوم، یاری گرفتن از آدم‌های اطرافتان. «تاب‌آوری» به‌تنهایی ممکن نیست. ملت‌های بدوی در آمریکای شمالی به فراخوانی هر چهار جهت اعتقاد داشتند[1]، و شما هم شاید می‌بایست به همین ایده متوسل شوید. شما بخشی از نیازهایتان برای تعالی را در اختیار دارید و بقیه‌اش را باید به یاری دیگران کسب کنید.

---

۱ در این جمله، «فراخوانی» به یک عمل معنوی یا آیینی اشاره دارد که در آن چهار جهت اصلی (شمال، جنوب، شرق، غرب) مورد احترام قرار می‌گیرند یا فراخوانده می‌شوند. در بسیاری از فرهنگ‌های بومی، فراخوانی چهار جهت به‌عنوان راهی برای تکریم عناصر طبیعی، ارواح یا انرژی‌های مرتبط با هر جهت انجام می‌شود. این کار معمولاً به‌عنوان بخشی از دعا، مراقبه یا مراسم برای ایجاد فضایی مقدس انجام می‌شود.

پیش‌گفتار

شرق برای نیروی مبارز، جنوب برای نیروی التیام‌بخش، غرب برای نیروی راهنما، و شمال برای نیروی فرمانروا.

و دست آخر، شجاعت برای از پا نیفتادن و ادامه دادن؛ چه در حال تقلا برای بالا رفتن از کوهی باشید، چه قدم زدن در مسیری و چه رودررو شدن با دشمن یا حتی هر روز برخاستن از بستر. برای تاب‌آوری باید در میدان حاضر شوید و کار را به سرانجام برسانید. به انجام رساندن کار مستلزم این است که شجاعت لازم را برای تغییر و رشد و نیز آسودن و ترمیم خود داشته باشید.

ما با تلاش برای جامهٔ عمل پوشاندن به بلندپروازی‌هایمان، شکوه درونی‌مان را محقق می‌کنیم.

هستی‌ات را آتش بزن و در پی کسانی باش که بر آتش وجودت بدمند.

مولانا

مایکل بانگی استنیر[1]
نویسندهٔ کتاب پرفروش بین‌المللی **عادت مربی‌گری**[2]

---

1 Michael Bungay Stanier
2 *The coaching habit*

کوچینگ و تاب‌آوری در دنیای همیشه در تغییر

دکتر شهاب اناری

مقدمه

کوچینگ و تاب‌آوری در دنیای همیشه در تغییر

دکتر شهاب اناری

مؤسس آکادمی کوچینگ ستارهٔ شمال

در جهان امروز که مدام در حال تغییر و نو به نو شدن است، توانایی تطبیق با شرایط و تاب‌آوری بیش از هر زمان دیگری اهمیت پیدا کرده است. تاب‌آوری به این معناست که انسان توانایی داشته باشد خیلی سریع از مشکلات عبور و با مشقت‌ها، اضطراب‌ها و تغییرات سازگاری مؤثر پیدا کند. تاب‌آوری هم پشت سر گذاشتن چالش‌ها را شامل می‌شود و هم رشد و پیشرفت در نتیجهٔ این چالش‌ها را در بر می‌گیرد. مهم‌ترین مؤلفه‌های تاب‌آوری عبارت‌اند از: داشتن توانایی تطبیق ذهنی، انعطاف‌پذیری و توانایی حفظ چشم‌اندازی مثبت در ذهن، به‌رغم شکست‌های مقطعی. تاب‌آوری این توانایی را به فرد می‌دهد که پستی‌وبلندی‌های زندگی را با پشتکار و استقامت پشت سر بگذارد و موانع سر راه را به فرصت‌هایی برای رشد و توسعهٔ فردی تبدیل کند. کوچینگ، به‌مثابهٔ فعالیتی تحول‌آفرین، با هدایت افراد به سوی یافتن راه‌حل‌ها و نقطه‌قوت‌های شخصی‌شان، نقشی محوری در تقویت تاب‌آوری ایفا می‌کند. حالا خوب است به این موضوع بپردازیم که کوچینگ چگونه تاب‌آوری را تقویت می‌کند و چرا کوچینگ برای مدیریت پیچیدگی‌های زندگی مدرن، ابزاری بی‌رقیب است.

کوچینگ و تاب‌آوری

آنچه رویکرد کوچینگ به حل مسئله را منحصربه‌فرد می‌کند، این است که کوچینگ با تأکید بر خودشناسی و رشد شخصی به‌جای فرافکنی، به سراغ یافتن راه‌حل مسائل می‌رود.

مثلاً اگر کسی در مورد مشکلاتی در ارتباط با به تعویق انداختن کارها یا مشکلاتی خاص در محیط حرفه‌ای نیاز به کمک داشته باشد، متخصصان مختلف احتمالاً راهکارهای متفاوتی به او ارائه خواهند کرد:

مشاور تحصیلی ممکن است گذراندن یک دوره یا کارگاه در مورد تکنیک‌های مدیریت زمان را توصیه کند.

مشاور مدیریت زمان ممکن است روش‌هایی مانند پومودورو[1] را برای تقویت کارایی توصیه کند.

تراپیست احتمالاً به دنبال ریشه‌های این به تعویق انداختن در گذشتهٔ فرد خواهد بود.

هر یک از این رویکردها احتمالاً نکات مثبت خود را دارند ولی یک کوچ حرفه‌ای برای کمک به چنین فردی مسیر متفاوتی را در پیش خواهد گرفت. کوچ حرفه‌ای به‌جای ارائهٔ راه‌حل‌های ازپیش‌آماده، پرسش‌های تأمل‌برانگیزی مثل این‌ها را خواهد پرسید:

- تعریف شما از به تعویق انداختن چیست؟
- چه قرائنی دارید مبنی‌بر اینکه مدام کارها را به تعویق می‌اندازید؟
- مواقعی که به تعویق انداختن کارها موضوعیت نداشته

---

1 Pomodoro

باشـد عملکردتـان چگونـه اسـت؟
- بـه نظرتـان بـه تعویـق انداختـن کارهـا نشئت‌گرفتـه از چـه نیازهایـی در شماسـت؟

از طریق چنیـن مکالمـه‌ای، فـردی که دچار مشکل اسـت، فهـم عمیق‌تری نسـبت بـه ریشه‌هـای رفتـار خـود پیـدا می‌کنـد و راهبردهایـی شخصـی را بـرای غلبـه بـر مشکل خویـش پیـدا می‌کنـد. کوچینـگ بـه افـراد کمـک می‌کنـد تـا چالش‌هایـی را کـه بـا آن مواجـه هسـتند از دیدگاهـی جدیـد مـورد تأمـل قـرار دهنـد و بـه راهکارهایـی منحصربه‌فرد بـرای رفـع آن چالش‌هـا برسـند کـه منطبـق بـر نیازهـای خـاص خودشـان اسـت.

تأثیر پرسش‌گری در کوچینگ

یـک سـناریوی فرضـی را در نظـر بگیریـد کـه در آن مدیرعاملـی از انتقادهـای مـداوم یکـی از مدیـران در جلسـات بـه سـتوه آمـده اسـت. پاسـخ بـه ایـن دغدغـه از سـوی متخصصـان مختلـف احتمالاً بـه ایـن شـکل خواهـد بـود:

- **مشـاور تحصیلـی** احتمـالاً گذرانـدن دوره‌ای در مـورد تعامـل بـدون خشـونت را پیشـنهاد خواهـد کـرد.
- **مربی** احتمالاً پیشـنهاد خواهـد کرد که در این مورد اسـتفاده از نقطه‌نظـرات جمعـی اعضـای تیـم مد نظـر قـرار گیرد.
- **مشـاور هـوش هیجانـی** احتمـالاً انجـام فعالیت‌هایـی مثـل مدیتیشـن، پیـش از جلسـات کاری، را پیشـنهاد خواهـد کـرد.

بـا اینکـه ایـن پیشـنهادها در جـای خـود ارزشـمندند، در چنیـن موقعیتـی یـک کـوچ ابتـدا بـه سـراغ طـرح چنیـن پرسش‌هایـی خواهـد رفـت:

- فکر می‌کنید تعامل سازنده میان مدیران چه مؤلفه‌هایی دارد؟
- چـه چیـزی سـبب می‌شـود کـه انتقـادات آن مدیـر را

برآمـده از خصومــت تعبیــر کنیــد؟
- رفتارهای این مدیر چه حسی در شما برمی‌انگیزد؟

کوچینـگ بـا راهنمایـی افـراد از طریـق این پرسش‌ها به آن‌ها کمک می‌کند درک جدیدی از مسائل خود پیدا کنند، احساسـات خـود را واکاوی کنند و راهبردهایی شخصی برای مدیریت مؤثر مسائل مختلف بیابند.

چرا کوچینگ تاب‌آوری را افزایش می‌دهد؟

کوچینگ تاب‌آوری را تقویت می‌کند زیرا افراد را قادر می‌سازد به:

۱. **شناسایی و غلبــه بــر موانــع:** کوچینگ بـه افراد کمک می‌کند تا موانع پنهان، موانعی کـه مانع از پیشرفت آن‌ها می‌شـود، را کشـف و برطرف کنند.

۲. **کشــف راه‌حل‌هـای شخصـی:** به‌جای تحمیل راه‌حل‌ها، کوچینـگ افـراد را تشـویق می‌کنـد تـا پاسخ‌های خـود را پیدا کننـد و حس خودبسـندگی و توانمنـدی را در آن‌ها تقویت می‌کند.

۳. **تغییــر دیدگاه‌هـا:** کوچینـگ بـا بـه چالـش کشـیدن باورهـا و دیدگاه‌هـای از پیـش تعیین‌شـده، بـه افـراد کمـک می‌کنـد تـا طـرز فکـر سـازگارتر و مقاوم‌تری را بـرای حـل مشـکلات در خـود توسـعه دهنـد.

۴. **افزایــش خودآگاهـی:** کوچینگ از طریق پرسش‌های تأمل‌برانگیــز، خودآگاهــی را افزایش می‌دهد و بــه افـراد کمـک می‌کنـد تـا نقـاط قـوت و زمینه‌هـای رشـد خـود را بهتـر بشناسـند.

کوچینگ در مقایسه با سایر رویکردها

درحالی‌که آموزش، مشاوره و روان‌درمانی هرکدام جایگاه خاص خود را دارند، رویکرد منحصربه‌فرد کوچینگ در تمرکز بر منابع درونی فرد و توسعهٔ شخصی نهفته است. کوچینگ به‌جای ارائهٔ پاسخ‌های از پیش تعیین‌شده، فرایندی را تسهیل می‌کند که در آن افراد ارزش‌ها، اهداف و راهبردهای‌های حل مسائل خود را کشف می‌کنند.

تحول و تأثیر کوچینگ

تاریخی که کوچینگ پشت سر گذاشته، از روش‌های سقراطیِ پرسش و پاسخ به یک کنش ساختاریافته تبدیل شده که روان‌شناسی، مدیریت و توسعهٔ شخصی را در دل خود جای داده است. از مفهوم «بازی درونی» تیموتی گالوی[1] گرفته تا توسعهٔ مدل GROW، کوچینگ به‌طور مداوم تکنیک‌های خود را اصلاح کرده تا به شکلی بهتر افراد را در متبلور کردن توانایی‌های نهفته‌شان توانمند کند.

بر اساس مطالعات اخیر، کوچینگ تأثیرات قابل‌توجهی نشان داده است:

۹۶٪ افراد با استفاده از کوچینگ روابط خود را بهبود بخشیدند.

۹۰٪ افراد با استفاده از کوچینگ به اهداف خود دست یافتند.

۸۶٪ افراد با استفاده از کوچینگ دیدگاه‌های جدیدی کسب کردند.

۸۱٪ افراد با استفاده از کوچینگ مهارت‌های جدیدی آموختند.

۷۹٪ افراد با استفاده از کوچینگ رفتارهای معطوف به موفقیت را در خود توسعه دادند.

1 Timothy Gallwey

این آمارها تأثیرگذاری کوچینگ در تقویت تاب‌آوری و رشد فردی را نشان می‌دهد.

نتیجه‌گیری

در دنیایی که همواره در حال تغییر است، تاب‌آوری تنها به معنای تحمل چالش‌ها نیست، بلکه به معنای شکوفا شدن در دل آن‌هاست. کوچینگ چارچوب قدرتمندی برای افراد فراهم می‌کند تا منابع درونی خود را کاوش کرده، راهبردهای شخصی حل مشکل را در خود توسعه دهند و با اطمینان با پیچیدگی‌های زندگی مواجه شوند. با تقویت درک عمیق‌تر از خود و تشویق به مسئولیت‌پذیری شخصی، کوچینگ به افراد کمک می‌کند تا نه‌تنها با شرایط ناهموار سازگار شوند، بلکه در برابر تغییرات متفاوت و موفق عمل کنند.

کوچینگ و تاب‌آوری در دنیای همیشه در تغییر

دربارۀ نویسنده

دکتر شهاب اناری بیش از ۲۵ سال در عرصۀ آموزش به فارسی‌زبانان فعالیت داشته است و در طی این مدت، از طریق دوره‌های آموزشی، کتاب‌ها و سمینارهای خود، به بیش از سه‌میلیون نفر در ۲۱ کشور جهان خدمات رسانده است. دانش‌پذیران و مراجعانش، او را به‌خاطر آموزش‌های علمی و کاربردی، منش اخلاقی و خدمات سطح اول جهانی تحسین می‌کنند. دکتر اناری دستاوردهای ملی و بین‌المللی قابل‌توجهی داشته است: او در سال ۱۳۷۶ در کنکور سراسری و آزاد ایران رتبۀ ۱ را کسب کرد، در سال ۲۰۲۰ به‌عنوان یکی از ۲۵ مهاجر برتر کانادا معرفی شد و در سال ۲۰۲۱ یک رکورد جهانی گینس را شکست.

او همچنین با سخنرانان بزرگی مانند تونی رابینز[۱]، دیپاک چوپرا[۲]، رابرت کیوساکی[۳]، جک کنفیلد[۴] و برایان تریسی[۵] سخنرانی مشترک داشته است. وی همچنین سابقهٔ چندسالهٔ رهبری در هیئت‌مدیرهٔ فدراسیون بین‌المللی کوچینگ[۶] (ICF) در تورنتو و انجمن سخنرانان حرفه‌ای کانادا[۷] (CAPS) را دارد. دکتر شهاب اناری همچنین بنیان‌گذار آکادمی کوچینگ ستارهٔ شمال است.

در وب‌سایت دکتر اناری می‌توانید از دوره‌های آموزشی و کتاب‌های او به‌صورت رایگان استفاده کنید:

www.shahabanari.com

1 Tony Robbins
2 Deepak Chopra
3 Robert Kiyosaki
4 Jack Canfield
5 Brian Tracy
6 International Coaching Federation
7 Canadian Association of Professional Speakers

زندگی در مسیر رسالت وجودی

دکتر نغمه احمدی

زندگی در مسیر رسالت وجودی
دکتر نغمه احمدی
رادیولوژیست

فقدان و مصیبتی خانمان‌برانداز

عصر روزی سرد در آذرماه سال ۱۳۸۴، به همراه خانواده‌ام در دو ماشین جداگانه با فاصلهٔ کمی از هم به سفر می‌رفتیم. ناگهان تلفن همراه خواهرم زنگ خورد و شمارهٔ پدر روی گوشی افتاد. خواهرم پاسخ داد و غریبه‌ای از او پرسید: «صاحب این شماره را می‌شناسید؟» خواهرم که در آن لحظه به‌شدت نگران شده بود، جواب داد: «بله، اتفاقی افتاده؟»

«ماشین تصادف کرده است. لطفاً سریعاً به این آدرس بیایید.»

برای لحظه‌ای نفس کشیدن سخت بود؛ شوکه شده بودیم. با سرعت به راه افتادیم تا در کوتاه‌ترین زمان ممکن خود را به آن آدرس برسانیم. در سکوتی سخت، به انتهای جاده خیره شده بودیم؛ گویی زمان متوقف شده بود. هرچه بیشتر جلو می‌رفتیم، کمتر به مقصد نزدیک می‌شدیم. بالاخره، با ترافیک سنگینی روبه‌رو شدیم که باعث شده بود ماشین‌ها کاملاً توقف کنند. از ماشین بیرون پریدیم و شروع به دویدن کردیم. از بین افرادی که کنار جاده ایستاده بودند گذشتیم و ناگهان با صحنه‌ای دل‌خراش مواجه شدیم. تقریباً نیمی از ماشین پدرم له شده بود. چهار جسد غرق در خون کنار جاده افتاده بودند و منتظر آمبولانس بودند.

مادرم در همان لحظات اول بعد از تصادف درگذشته بود و پدربزرگم

هم در مدت کوتاهی به مادرم پیوسته بود. مادربزرگ و پدرم سریعاً با آمبولانس به تهران منتقل شدند. آن‌ها فوراً تحت مراقبت‌های پزشکی و عمل جراحی قرار گرفتند و پس از آن برای مراقبت‌های بعدی به آی‌سی‌یو منتقل شدند.

به مدت دو ماه، هر روز قبل از کار به بیمارستان سر می‌زدم و از پزشکان معالج پدر و مادربزرگم وضعیت سلامت جسمانی آن‌ها را جویا می‌شدم. متأسفانه وضعیتشان روزبه‌روز بدتر می‌شد. با ذهنی آشفته و پر از ناامیدی و نگرانی، بین بیمارستان و محل کارم تردد می‌کردم.

وقتی بعد از خستگی زیاد، شب‌ها به خانه می‌رسیدم، از دوستان و اقوامی که برای همدردی می‌آمدند پذیرایی می‌کردم. شب، وقتی همه می‌رفتند، سکوتی خفه‌کننده خانه را فرامی‌گرفت. با سؤالات حل‌نشده، پر از ناامیدی، تلخی و یأس تا صبح درگیر بودم. خواب اصلاً به چشمم نمی‌آمد. فقط برای دو یا سه ساعت خواب ناآرام، به قرص‌های آرام‌بخش متوسل می‌شدم و خودم را برای مواجهه با خبرهای دردناک روز بعد در بیمارستان آماده می‌کردم. اما تصمیم گرفتم سر پا بایستم و در برابر غم زانو نزنم.

دو ماه طول کشید تا پدرم از بخش آی‌سی‌یو به بخش بستری بیمارستان منتقل شد. او به پیرمردی نحیف و شکسته تبدیل شده بود که قادر به راه رفتن نبود. بالاخره پدر از بیمارستان مرخص شد و به خانه برگشت. شب اول حضورش در خانه، سرشار از شادی و خوشحالی بودیم، چرا که حالا پیش ما بود. اما به‌زودی به دلیل اختلال استرس پس از سانحه[1]، همان شادی‌های کوچک ما هم محو شدند و دوباره خودمان را غرق در نگرانی، بی‌قراری و اندوه دیدیم.

---

1 Post-Traumatic Stress Disorder (PTSD)

دو هفته پس از بازگشت پدرم به خانه، مادربزرگم هم به همسر و دخترش پیوست. پدرم ضعیف شده بود، غذا نمی‌خورد، ناتوان بود و علی‌رغم شرایطش، دو دفعه به دلیل شکستگی‌های دست، تحت عمل جراحی قرار گرفت. برای مراقبت از او به دنبال پرستار بودیم. دوران نقاهت طولانی و چالش‌برانگیز او یک سال طول کشید و طی این دوران از او مراقبت می‌کردم.

در خلال این مدت، سؤالات تکراری بی‌پاسخ و ناامیدکننده‌ای آزارم می‌داد: «چرا این اتفاق ناگوار برای ما افتاد؟ چطور خانهٔ پرانرژی و پر از عشق و خوشبختی ما به یکباره، به این سرعت از هم پاشید؟ چرا خانه به مکانی خالی تبدیل شده بود؛ جایی که فقط ناله‌های اندوه‌بار پدرم همراه با یأس و ناامیدی شنیده می‌شد؟» این سؤالات قلبم را آزار می‌داد و با ناامیدی اشک می‌ریختم.

بالاخره یک روز تصمیم گرفتم از گریه و عزاداری دست بردارم. حالا مسئولیت پدر و خواهرم بر شانه‌های من بود و باید از آن‌ها مراقبت می‌کردم. با خودم گفتم یک بار دیگر بلند شو و قطعات شکستهٔ زندگی را از نو بساز؛ جریان زندگی ادامه دارد و روشن نگه داشتن شعله‌های امید در این خانهٔ سوخته به تو بستگی دارد.

ولی از کجا می‌توانستم انرژی و قدرت پیدا کنم؟ چطور می‌توانستم از نو شروع کنم؟

از یازده‌سالگی به کتاب‌های روان‌شناسی و توسعهٔ فردی علاقهٔ فراوانی داشتم. هر زمان فرصتی پیدا می‌کردم مشغول مطالعهٔ این‌گونه کتاب‌ها می‌شدم و هروقت با چالشی مواجه می‌شدم به مطالب آن‌ها روی می‌آوردم. بااین‌حال، این بار این کتاب‌ها چیزی

بیش از منابع دانش بودند. آن‌ها به ریسمان‌های نجاتی تبدیل شدند که مرا از اعماق ناامیدی و افسردگی بیرون کشیدند. دوباره به کتاب‌هایم مراجعه کردم و مطالبی را که زیر آن‌ها خط کشیده بودم مطالعه کردم. مصمم بودم که راهنمایی‌های لازم برای ایفای نقش خود به‌عنوان ستون حمایتی خانواده و بازگشت به احساس ثبات را از کتاب‌ها بیرون بکشم.

افزایش آگاهی

هنگام مطالعهٔ این کتاب‌ها، به چندین مفهوم عمیق از آنتونی رابینز[1] برخوردم که برای من بسیار مفید بودند:

«معنای هر چیز نسبی است و به تفسیری که انتخاب می‌کنید بستگی دارد. شما قدرت کنترل برداشت خود از زندگی، احساسات و اعمال بعدی را دارید. هویت، توانایی‌ها و اعمال ما بر اساس پرسش‌های ما دربارهٔ اینکه ما چه کسی هستیم و چه هدفی را دنبال می‌کنیم، شکل می‌گیرد. طرح سؤالات قدرتمند در زمان‌های دشوار، مهارتی حیاتی برای غلبه بر چالش‌هاست.»

این مفاهیم جرقهٔ تحولات مهمی را در من ایجاد کردند. دریافتم که ناامیدی و یأس ریشه در بدبختی‌های بیرونی من نداشتند، بلکه ناشی از سؤالات سمی‌ای بودند که ذهنم به آن‌ها معتاد شده بود و افکارم را فلج کرده بود. از قدرت پنهان سؤالات تکراری شگفت‌زده شدم و تصمیم گرفتم تا آگاهانه سؤالات قدرتمندی از خودم بپرسم.

تصمیم گرفتم با دیدگاهی نو به زندگی بنگرم و سعی کنم رویدادها

1 Anthony Robbins

را با عینکی متفاوت تفسیر کنم. این تصمیم شامل بازنگری مجدد فقدان عزیزانم و تلاش برای درک مرگ، احتمال زندگی پس از مرگ، ماهیت خدا، کائنات و جنبه‌های مرموز هستی می‌شد. به‌جای تسلیم شدن در برابر ترس، اضطراب و نگرانی (احساساتی که به‌واسطۀ شرایط گذشته در ذهنم ریشه کرده بودند) تصمیم گرفتم حس نو شدن را در آغوش بگیرم و بر آن چیزی تمرکز کنم که طبیعی، هدفمند و آرام است.

با عزمی جدید، گام‌های فعالی برای حمایت از پدر و خواهرم برداشتم. این تغییرات در سال بعد منجر به بهبود قابل‌توجه پدرم و خوشحالی خواهرم هم‌زمان با ازدواج او و مادر شدن خودم بود. این تحولات مثبت انرژی و شادی دوباره‌ای به زندگی ما بخشید.

ملاقات با مرگ

چند سال بعد، تماس ناراحت‌کننده‌ای از یکی از هم‌کلاسی‌هایم داشتم که او نیز متخصص رادیولوژی بود. خبر غم‌انگیزی را با من در میان گذاشت؛ او تومور بدخیمی در سینه داشت. به‌طور قابل‌درکی مضطرب شده بودم. او پس از عمل جراحی و برداشتن هر دو سینه، تحت شیمی‌درمانی و رادیوتراپی قرار گرفت. داستان تلخ هم‌کلاسی‌ام، اشک‌های بی‌امانش و نگرانی‌های او برای آیندۀ تنها پسر خردسالش، تأثیر عمیقی بر من گذاشت. در آن روزها احساس ناراحتی در سینه‌هایم شروع شد. یک روز پس از اتمام ویزیت بیمارانم، تصمیم گرفتم خودم را سونوگرافی کنم. همان‌طور که با دستگاه اولتراسوند[1] روی سینه‌هایم مانور می‌دادم، از دیدن توده‌ای نامنظم روی مانیتور وحشت‌زده شدم؛

---

1 Ultrasound

توموری که تمام ویژگی‌های بدخیمی را طبق معیارهای رادیولوژی داشت. در مواجهه با این واقعیت تلخ، احساس شدیدی از ناتوانی بر من چیره شد. انگار تومور مرا به چالش می‌کشید و زمزمه می‌کرد: «حالا نوبت توست!»

لحظه‌ای ذهنم تجربهٔ دردناک دوستم را به یاد آورد و کلمات دل‌خراش او را تکرار کرد: «چه بر سر پسرم خواهد آمد؟ او هنوز خیلی جوان است...» قلبم از سنگینی این کلمات فروریخت. «چه بر سر پسرم خواهد آمد...؟» به‌آرامی تکرار می‌کردم و احساس می‌کردم اشک از درون قلبم سرازیر می‌شود.

بافت‌برداری[1] از سینه و آزمایش‌های تکمیلی را شروع کردم. اصلاً ساده نیست که احساساتم در بازهٔ ده روز انتظار برای نتیجهٔ بافت‌برداری و آزمایش‌ها را توصیف کنم. ازآنجایی‌که پزشک بودم و در تصویر سونوگرافی و تصویربرداری مغناطیسی[2] تومور را دیده بودم، تقریباً یقین داشتم که تمام شواهد مبنی‌بر بدخیمی آن است. نمی‌توانستم سؤالات قدرتمند بپرسم و داستان را به‌گونه‌ای دیگر تفسیر کنم.

بالاخره، بعد از ده روز نتیجهٔ بافت‌برداری را دریافت کردم. خوشبختانه تومور خوش‌خیم بود. بعد از اینکه احساسات ناخوشایندم از بین رفت، با خودم فکر کردم که ما انسان‌ها چطور می‌توانیم در شرایط مشابهی که تجربه‌اش کردم؛ زمانی که احساسات منفی ذهن آشفتهٔ ما را به دام می‌اندازد و از استرس و اضطراب بی‌حس می‌شویم، به خودمان کمک کنیم؟ ما انسان‌ها چگونه می‌توانیم بر چنین شرایطی غلبه کنیم و تصمیم درست را بگیریم؟

---

1 Biopsy
2 Magnetic Resonance Imaging (MRI)

ارزش راهنمایی و حمایت در زمان بیماری

در زمان‌های چالش‌برانگیز، دست یافتن به آرامش پایدار بدون راهنمایی و همراهی یک مربی یا کوچ[1] آگاه می‌تواند دشوار باشد. حضور منتور[2] برای ارائهٔ راهنمایی و حمایت، تفاوت بزرگی در دنیای ما ایجاد می‌کند. اگرچه آمار سرطان سینه می‌تواند نگران‌کننده باشد و تقریباً از هر هشت زن یک نفر با این خطر روبه‌رو است[3]، ضروری است به خاطر داشته باشیم که حامی در دسترس است.

هنگامی که بیماری رخ می‌دهد، بیمار شرایطی طاقت‌فرسا و سرشار از نگرانی و استرس را تجربه می‌کند. بااین‌حال، بیماران می‌توانند با مشاورهٔ مناسب، حتی در حین درمان، آرامش پیدا کنند. وجود راهنمایی باتجربه که بتواند در زمان این چالش‌ها بیماران را همراهی کند واقعاً ارزشمند است.

انعکاس غم و اندوه در سراسر جهان

پس از چند سال، ویروسی نامبارک، ناشناخته و مرموز به‌سرعت در سراسر جهان شیوع پیدا کرد و بشریت را در بهت فرو برد. کووید-۱۹ اژدهای بی‌رحمی بود که روزانه هزاران نفر را بی‌امان از بین می‌برد. دانش محدودی از منشاء ویروس، روش‌های انتقال آن، علائم و اقدامات ضروری وجود داشت و ترس و اضطراب دنیا را فراگرفته بود. مردم به قرنطینه پناه بردند، به ماسک، دستکش، پوشش محافظ و مواد ضدعفونی‌کننده مجهز شدند و با ناامیدی

---

1 Coach
2 mentor
3 American Cancer Society. (2022-2024). Breast Cancer Facts & Figures. Retrieved from [https://www.cancer.org/research/cancer-facts-statistics/breast-cancer-facts-figures.html] on April 4, 2024.

منتظر راه‌حلی بودند: واکسن یا درمان.

خواهر عزیزم یکی از قربانیان این دوران تلخ بود که متأسفانه او را فقط طی ده روز به دلیل کرونا از دست دادیم. شوک ناشی از این اتفاق ناگهانی و همزمان نگرانی فراوان برای بهبود پدرم، موجی از احساسات منفی را بر من تحمیل کرد. حالا با بار سنگین غم و اندوهی که بر دوش داشتم، خودم را در حال پیمودن این سفر دردناک تنها می‌دیدم. در طی قرنطینه، مدام فکر می‌کردم و از خودم می‌پرسیدم: «از تجربهٔ تکرار از دست دادن ناگهانی عزیزانم و مواجهه با بیماری خطرناک چه درس‌هایی می‌توانم بگیرم؟»

تولدی دوباره

ژان پل سارتر[1] می‌گوید: «آن‌قدر که از دست دادن چیزی ما را اندوهگین می‌کند، بازیابی آن باعث شادی ما نمی‌شود. این ویژگی طبیعی انسان است». درواقع، حقیقتی وجود دارد که اغلب با آن روبه‌رو هستیم: با از دست دادن عزیزانمان غم و اندوه عمیقی ما را فرامی‌گیرد، اما به‌طرز عجیبی، صرفاً زندگی در همان دنیایی که زمانی با آن‌ها سهیم بودیم، دیگر خوشبختی را به ارمغان نمی‌آورد. اگر زندگی چنین ارزشی دارد، چرا در جست‌وجوی یافتن شادی و جشن گرفتن وجود واقعی آن نیستیم؟

بارها به خودم یادآوری کردم که شاید این فرصتی طلایی برای کشف هدف واقعی وجودم و یافتن احساس تازه‌ای از خوشبختی در اعمال ساده‌ای مانند نفس کشیدن، دیدن و راه رفتن باشد؛ در میان دارایی‌های گران‌بهای دیگر که مهم‌ترین آن‌ها تجربیاتی است که

---

1 Jean-Paul Sartre

در مدرسهٔ زندگی به دست آورده‌ایم. مأموریت زندگی من این است که از این تجربیات بیاموزم و دانش خود را با دیگران به اشتراک بگذارم و به کسانی که با چالش‌های مشابه روبه‌رو هستند کمک کنم تا با آگاهی بیشتر و حداقل آسیب، مسیر زندگی را طی کنند. اگرچه تجربیات تلخ، مانند آنچه که به من تحمیل شده بود -تجربهٔ از دست دادن ناگهانی عزیزان و مبارزه با بیماری جدی- چندان هم غیرعادی نیستند. این تجربیات تلخ، معلمانی هستند که عمیقاً روی زندگی ما تأثیر می‌گذارند. بااین‌حال، اگر دانش کافی برای حفظ خودمان و مقابله با ناملایمات را با حمایت مشاوران باتجربه به دست آورده باشیم، به‌عنوان افرادی فوق‌العاده انعطاف‌پذیر ظاهر می‌شویم.

جرقهٔ نهایی

درحالی‌که در دنیای مجازی در جست‌وجو بودم، تصادفی به کلمهٔ جدیدی به نام «کوچینگ[1]» برخورد کردم و با کنجکاوی، به دنبال درک معنی آن رفتم. هنگامی که دکتر اناری مفهوم آن را توضیح می‌داد، با دقت گوش کردم. او می‌گفت: «در طول فرایند کوچینگ، سؤالات قدرتمندی مطرح می‌شود تا باورها و ارزش‌های مراجع را به چالش بکشاند و به آن‌ها کمک کند تا راه‌حل‌های مسائل خود را از درون خودشان پیدا کنند». ناگهان جرقه‌ای از آگاهی درون من روشن شد. متوجه شدم که کوچینگ همان گم‌شده‌ای است که به دنبال آن بودم. با این بینش جدید، در دوره‌های آموزشی کوچینگ ثبت‌نام و مهارت‌های لازم را کسب کردم. با گذراندن چندین دورهٔ شگفت‌انگیز در طول مسیر، افق جدیدی به روی من گشوده شد.

---

1 Coaching

زندگی بر اساس مأموریت وجودی

بی‌تردید، هدف زندگی من تمرکز بر کمک به هم‌نوعانم است. با بیش از ۲۵ سال تجربهٔ پزشکی، به این نتیجه رسیده‌ام که اگرچه علت اصلی بسیاری از بیماری‌های سخت و مزمن هنوز مشخص نیست، اما در اکثر موارد می‌توانیم نشانه‌ای از استرس و ترس در بیشتر بیماری‌ها بیابیم. استرس و اضطراب قاتلان خاموش بسیاری از انسان‌ها هستند. اگر از ترس‌ها و احساسات منفی خود آگاه شویم، بیشتر استرس‌ها به‌صورت خودکار از بین می‌روند. آگاهی راه‌حلی برای غلبه بر شرایط ناخوشایند ماست. بیماری‌های جسمی از طریق آگاهی درمان می‌شوند. اما این آگاهی کجاست؟ این آگاهی در درون ماست.

در طول فرایند کوچینگ، کوچ با پرسیدن سؤالات قدرتمند مسیر مراجع را به سمت کشف آگاهی لازم برای غلبه بر چالش‌ها هموار می‌سازد. باتوجه‌به منحصربه‌فرد بودن هر شخص، چالش‌های او نیز به همان اندازه متنوع و قابل‌توجه هستند. کوچینگ برای رفع این موانع متمایز راه‌حل‌های شخصی‌سازی‌شده ارائه می‌دهد.

با راهنمایی کوچ خودم، تصمیم گرفتم نه‌تنها به خود، بلکه به عزیزان و هم‌نوعانم هم کمک کنم. مانند پیشگیری که بهترین شکل درمان است، با کاهش چالش‌ها و برخورد فعالانه با نشانه‌های جسمی اضطراب و نگرانی، می‌توان لذت، شادی، نشاط و آرامش ذهنی عمیقی را تجربه کرد.

همان‌طور که ژان پل سارتر پیشنهاد کرده بود، راه‌حل نباید انتخاب شود بلکه باید اختراع و ایجاد شود. هر فرد باید مسیر خودش را برای کشف خود بسازد. این فرایند نوعی خودسازی مستمر است که در آن انسان‌ها هویت خود را هر روز شکل می‌دهند.

زندگی در مسیر رسالت وجودی

دربارۀ نویسنده

دکتر نغمه احمدی پزشکی متخصص و دلسوز است. او به ارائۀ مراقبت‌های استثنایی برای بیماران خود متعهد است و مدرک دکترای پزشکی از دانشگاه علوم پزشکی ایران و بورد تخصصی رادیولوژی از دانشگاه علوم پزشکی تهران را دارد.

نغمه به‌عنوان رئیس بخش رادیولوژی مرکز فوق‌تخصصی درمان ناباروری و سقط مکرر ابن‌سینا، با تعهد به دقت و نوآوری، مشغول فعالیت است. تحصیلات او شامل فلوشیپ در پزشکی سلامت جنین، توانایی او را در مواجهه با مسائل پیچیدۀ پزشکی افزایش می‌دهد.

نغمه فراتر از فعالیت‌های پزشکی خود مشتاق به توانمندسازی افراد و سازمان‌ها از طریق کوچینگ حرفه‌ای است. او با شرکت در دوره‌های

آموزشـی مهارت‌هـای کوچینـگ روی رشـد شـخصی خـود سـرمایه‌گذاری کـرده و دانـش خـود را بـا دیگـران بـه اشـتراک می‌گـذارد. او بـا آمـوزش افـراد در زمینـهٔ پـرورش مهارت‌هـای کوچینـگ و پذیـرش توسعهٔ فـردی، الهام‌بخـش تغییـرات مثبـت و رشـد آن‌هاسـت.

نغمـه بـه قـدرت آگاهـی بـرای رفـع مشـکلات جسـمی و غلبـه بـر چالش‌هـا اعتقـادی راسـخ دارد. او از طریـق فعالیت‌هـای کوچینـگ خـود، دیگـران را در سـفری تحول‌آفریـن بـه سـمت خودآگاهـی بیشـتر راهنمایـی می‌کنـد و بـه آن‌هـا کمـک می‌کنـد تـا ترس‌هـا، نگرانی‌هـا و مشـکلات خـود را بـا اسـتفاده از آرامـش و صلـح درونـی مدیریـت کننـد. بـرای او ایـن مأموریـت فراتـر از یـک حرفـه بـوده و رسـالتی بـرای ایجـاد تفاوت‌هایـی معنـادار در زندگـی دیگـران اسـت.

راه‌های ارتباط با نویسنده:

✉ naghmeh4797@gmail.com

مسیر چالش‌ها: از معناداری تا پیوستگی

محسن خاکی

مسیر چالش‌ها: از معناداری تا پیوستگی

محسن خاکی
کوچ کسب‌وکار و متخصص برندینگ

نبرد با ناامیدی

روزی خانمی که پیش‌تر او را ندیده بودم، برای کوچینگ[1] آموزشی به من مراجعه کرد. در جلسهٔ مصاحبه خود را معلم زبان انگلیسی کودکان معرفی کرد و اضافه کرد رؤیای تبدیل شدن به یک مدرس معتبر آیلتس را در سر می‌پروراند و برای رسیدن به هدفش، ابتدا باید در آزمون آیلتس شرکت و نمرهٔ بالایی کسب کند. گفت با وجود گذراندن دوره‌های مختلف، هنوز نتوانسته نمرهٔ دلخواهش را در آیلتس کسب کند و پس از شکست‌های متعدد و کسب نمرات پایین در آزمون‌های شبیه‌سازی‌شدهٔ آیلتس با احساس ناامیدی و کمبود اعتمادبه‌نفس مواجه شده است. او به دلیل مسئولیت‌های خانوادگی و شغلی، وقت کافی برای شرکت در کلاس‌های آموزشی نداشت و نگرانِ از دست دادن فرصت‌های شغلی، عدم رشد درآمد و هدر رفتن سرمایه‌های گذشته‌اش بود. در جلسات کوچینگ متوجه شدم چهار مانع درونی سد راه موفقیتش هستند.[2]

موانع درونی برای رسیدن به هدف

۱. **باورهای محدودکننده:** فکر می‌کرد باید ساعت‌ها

1 Coaching

۲ هرچه کاری که انجام می‌دهیم مهم‌تر باشد، مقاومتی که در برابر انجام آن احساس می‌کنیم قوی‌تر است. (استیون پرسفیلد در کتاب *The War of Art*)

برای هر تکلیف[1] وقت صرف کند.

۲. **مفروضات ذهنی:** روش مطالعهٔ خود در گذشته را برای آزمون آیلتس هم می‌خواست تکرار کند.

برای گذر از این دو مانع، به او کمک کردم تا با نوشتن دلایل موافق و مخالف این باورها، زاویهٔ دیدش را تغییر دهد.[2] متوجه شد که باید با برنامه‌ریزی و تقسیم‌بندی بهینه، مطالعه کند و دربارهٔ هدف‌گذاری با چشم‌اندازِ AIM صحبت کردیم.

AIM	
A: Acceptable	**اهداف پیش‌پاافتاده:** این نوع هدف آن‌قدر معمولی است که شوقی در ما ایجاد نمی‌کند.
I: Ideal	**اهداف ایده‌آل:** این نوع هدف آن‌قدر دور از دسترس است که ما را دلسرد می کند.
M: Middle	**اهداف قابل‌دسترس:** این نوع هدف کمی بالاتر از وضعیت فعلی ما را نشانه می‌گیرد، به این ترتیب هم به چالش کشیده می‌شویم و هم در ما برای رسیدن به آن هدف شوق ایجاد می‌شود.

با این توضیحات، این مراجع فهمید که باید هدف‌های قابل‌دسترس برای خود تعیین کند و برای رسیدن به آن‌ها بازه‌های زمانی پانزده‌دقیقه‌ای در نظر بگیرد: مثلاً پیاده کردن قسمتی از یک فایل صوتی در پانزده دقیقه با این رویکرد که کمی بالاتر از وضعیت فعلی

1 task

۲ ما نمی‌توانیم چشم‌انداز را عوض کنیم، بدون اینکه نقطه‌نظر خود را تغییر دهیم. (هاروکی موراکامی نویسندهٔ مشهور ژاپنی در کتاب *Norwegian Wood*)

او را هدف قرار دهد تا به چالش کشیده شود. سپس این خانم باید مشخص می‌کرد چند بازهٔ زمانی در روز می‌تواند به این کار اختصاص دهد. با این کار، به‌تدریج به هدف‌های قابل‌دسترس خود دست می‌یافت. همچنین، بر اساس نظریهٔ رشد گام‌به‌گام[1]، تصمیم گرفت هر هفته میزان کار را کمی افزایش دهد، مثلاً بازه‌های زمانی پیاده‌سازی متن را از دو دقیقه به دو دقیقه و ده ثانیه برساند. این رویکرد گام‌به‌گام، امیدواری او را به پیشرفت افزایش داد، هرچند هنوز دو مانع درونی دیگر وجود داشتند.

۱. **تفسیرها:** با وجود تغییر در عادات، اعتقاد او به روش جدید گاهی متزلزل می‌شد. او می‌گفت به دلیل مسئولیت‌های کاری، زمانی برای رسیدگی به تکلیف‌ها و تمرین‌ها برایش نمی‌ماند. برای بهبود، تغییراتی لازم بود:

- به خود متعهد شد برنامهٔ روزانه‌اش را شب قبل مشخص کند، کارهای اصلی را شناسایی و فقط روی آن‌ها تمرکز کند، بین کارها استراحت کند، و نیم‌روزی در هفته را به جبران اختصاص دهد.
- به‌جای افزایش ساعت مطالعه با کم‌خوابی، خواب کافی و رعایت ریتم بیولوژیک را به او توصیه کردم.
- او را تشویق کردم به اینکه یک ساعتِ اول صبح را به‌جای مرور شبکه‌های اجتماعی، به ورزش یا مدیتیشن اختصاص دهد و برنامهٔ آن روزش را مرور کند.
- بر اهمیت شرایط محیطی مطالعه‌اش تأکید کردم؛ ازجمله استفاده از عطر نعناع یا دارچین، تغذیهٔ مناسب، خاموش کردن

1 Winning Edge Theory

اعلان‌ها و استفاده از فضای ابری برای ذخیره‌سازی اطلاعات.

- به او پیشنهاد کردم تکلیف‌های تحلیلی را در زمان‌هایی که بیشترین بهره‌وری را دارد انجام دهد و در زمان‌های کم‌بازده‌تر، به فعالیت‌هایی بپردازد که به تمرکز کمتری نیاز دارند.

این رویکردها ذهنیتی تغییرمحور[1] ایجاد کرد و با گذشت زمان، پیشرفت‌هایی حاصل شد. پس از چند ماه، او را برای شرکت در آزمون شبیه‌سازی‌شده آماده کردم، که به کشف یک مانع درونی دیگر انجامید.

۲. ترس: وقتی فهمیدم از شرکت در آزمون ماک امتناع می‌کند، نسبت به دانستن دلایلش کنجکاو شدم. متوجه شدم او مدت‌هاست به‌خاطر آسیب‌های روحی گذشته با یک روان‌کاو مشاوره می‌کند و با احساسات منفی مزمن مانند اندوه و اضطراب دست‌وپنجه نرم می‌کند. می‌گفت: «فکر نمی‌کنم موفق شوم»، «اگر شکست بخورم چه می‌شود؟»، «با انتقادها چه کنم؟» و «می‌ترسم[2] اطلاعاتم زیر فشار فراموشم شود.» پس از چند تمرین آرام‌سازی و مدیتیشن، به او گفتم دربارهٔ دلایل انتقادات احتمالی فکر کند. او بیشترِ دلایل را به ناآگاهی و حسادت دیگران نسبت داد. سپس، از او خواستم چشم‌انداز ایده‌آل پنج‌ساله‌اش را توصیف کند. این چشم‌انداز برایش تبدیل شدن به یک مدرس معروف و پردرآمد آیلتس بود. در برنامه‌ریزی بلندمدت،

۱ در ذهنیت رشد، چالش‌ها فرصت‌هایی برای رشد هستند. (کارول اس. وک روان‌شناس آمریکایی و استاد دانشگاه استنفورد در کتاب *Mindset: The New Psychology of Success*)

۲ من یاد گرفتم که شجاعت به این معنا نیست که ترسی نداشته باشی، بلکه به معنای غلبه بر آن است. (نلسون ماندلا در کتاب *Long Walk to Freedom*)

مشخص کردیم که او باید در دو سال آینده به نمرهٔ ۸/۰ آیلتس برسد، در یک سال آینده در شش آزمون ماک شرکت کرده و به نمرهٔ ۶/۵ برسد، و در شش ماه آینده در ۳ آزمون ماک شرکت کرده و به نمرهٔ ۵/۵ دست یابد. برنامه‌ریزی کردیم اولین آزمون یک ماه و نیم بعد با هدف نمرهٔ ۵/۰ باشد. به او گفتم تمرکز خود را به این هدف معطوف کند.[1] سپس، فهرستی شامل پیش‌بینیِ بدترین، بهترین، و محتمل‌ترین نتایجِ شرکت او را در آزمون ماک تهیه کردیم و به این نتیجه رسیدیم که با برنامه‌ریزی برای سناریوی محتمل، می‌تواند با ترس‌هایش بهتر مواجه شود. درنهایت، او یک ماه و نیم بعد در آزمون ماک نمرهٔ ۵/۵ را کسب کرد.

سفر الهام‌بخش از میان طوفان

برای تقویت انگیزه و تعهد، توصیه کردم که از گروه حمایتیِ هم‌هدف کمک بگیرد. با دوستانش و دو نفر معرفی‌شده توسط من، شبکه‌ای برای به اشتراک گذاشتن اهداف و بازخورد ایجاد کردند، که موجب فراهم شدن فرصت‌های یادگیری شد. من نیز هم‌پای پیشرفتش، مطالب آموزشی بیشتری در زمینهٔ زبان انگلیسی و آیلتس برایش فراهم کردم، که باعث شد در شش ماه به نمرهٔ ۵/۵ برسد. این پیشرفت تأثیرات مثبتی بر زندگی شخصی و حرفه‌ای او داشت؛ طوری که خانواده‌اش نیز

۱ هرچه بیشتر در مورد اهدافتان فکر کنید و هرچه دقیق‌تر آن‌ها را تعریف کنید، سریع‌تر به سمت آن‌ها حرکت خواهید کرد. تنها با تعیین اهداف بلندمدت، میان‌مدت و کوتاه‌مدت می‌توانید اطمینان حاصل کنید که همیشه در مسیر درست به سمت آینده‌ای که می‌خواهید حرکت می‌کنید. (براین تریسی در کتاب:

(*Goals! How to Get Everything You Want — Faster Than You Ever Thought Possible*

توجه به اصول هدف‌گذاری را در پیش گرفتند. بااین‌حال، شوک‌ها و آسیب‌ها همواره حرکت در این مسیر را تهدید می‌کرد. پدرش در دوران آمادگی برای آزمون درگذشت و او را دچار غم شدید کرد. افسردگی قبلی او عود کرد و خستگی و تردیدهایش افزایش یافت. در جلسات کوچینگ، بازبینی اهداف و استفاده از تکنیک‌های گذشته برای غلبه بر موانع را بررسی کردیم. از او خواستم تحلیل کند که آیا مشکلاتش ناشی از عوامل داخلی هستند یا خارجی؛ دائمی هستند یا موقتی. در ادامه، تأکید بر بازیابی ارتباط با گروه حمایتی، تمرکز بر نقاط قوت، اِعمال انضباط فردی و تنظیم خواب و خوراک در دستور کارمان قرار گرفت. همچنین، اهمیت سنجش پیشرفت و تنظیم قوانین شخصی برای بهبود عادات روزمره را به او متذکر شدم. با تلاش و استفاده از این استراتژی‌ها، حالش بهبود یافت و تصمیم گرفت به تلاش برای کسب نمرهٔ ۶/۵ در آزمون‌های شبیه‌سازی‌شدهٔ آیلتس ادامه دهد. پس از یک سال، با پیشرفتی قابل‌توجه، خود را برای چالش‌های آینده آماده دید و تصمیم گرفت با تقویت زبان، برنامه‌های کاری خود را سبک‌تر کرده و برای آزمون اصلی آیلتس، جدی‌تر آماده شود. او در دورهٔ مسترکلاس آیلتس من برای کسب نمرهٔ ۷/۰+ شرکت کرد و می‌خواست با یادگیری نکات کلیدی و دریافت بازخورد تخصصی، هدف‌های بلندمدت خود را دنبال کند. حضور در این کلاس، او را به نمرهٔ ۷/۵ نزدیک‌تر کرد و شبکهٔ حمایتی‌اش را گسترش داد. این شبکه که بر پایهٔ همدلی[1] شکل گرفته بود، به اشتراک‌گذاری تجربیات و اجتناب از اشتباهات مشترک کمک کرد. گفت‌وگوهای گروهی و دریافتِ بازخوردهای سازنده، به یافتن

۱ اگر می‌خواهید خوشبختی دیگران را افزایش دهید، همدلی پیشه کنید. اگر می‌خواهید خوشبختی خودتان را افزایش دهید، همدلی پیشه کنید. (دالایی لاما در کتاب *The Art of Happiness*)

راه‌حل‌های جدید منجر شد و حمایت عاطفیِ هم‌گروهی‌ها در زمان‌های سخت، احساس تنهایی او را کاهش داد. او حتی در مواجهه با چالش‌هایی چون سرقت و تصادف، توانست فشارها را مدیریت کند. پنج ماه پس از دوره، برای کسب نمرهٔ ۷/۰ آماده شد و با اعتمادبه‌نفس، نمرهٔ ۷/۵ را در آزمون ماک کسب کرد. او سپس کسب نمرهٔ ۸/۰ را مد نظر قرار داد و با تمرکز و عملکرد استراتژیک، این هدف را در آزمون اصلی آیلتس محقق کرد. چهار سال بعد، به یک مدرس موفق آیلتس تبدیل شد، به مؤسسات بین‌المللی راه یافت و به رشد فردی و حرفه‌ای خود ادامه داد.

هفت گام کلیدی برای حرکت معنادار و پیوسته در مسیر چالش‌ها

توجه به مسیری که این مراجع طی کرد، نشان می‌دهد این که چقدر بتوانیم چالش‌های مسیر را پذیرا باشیم و حرکت پیوسته داشته باشیم، بستگی به این دارد که مسیر چقدر برای ما معنادار باشد و به طی کردن آن متعهد باشیم.[۱] تقویتِ تاب‌آوری فرایندی مداوم است که نیاز به تمرین و پایبندی دارد و از طریق ترکیب هفت توانایی کوچک‌تر حاصل می‌شود:

۱. تسلط بر احساسات و تواناییِ آرام ماندن زیر فشارهایی همچون غم و غصه، عصبانیت و اضطراب[۲]

۱ زمانی که یک انسان هدف معناداری برای زندگی خود پیدا کند، تقریباً هر چالشی را می‌تواند تحمل کند. (ویکتور فرانکل در کتاب *Man's Search for Meaning*)

۲ توانایی آرام ماندن در هر موقعیتی، مهم‌ترین قدرتی است که یک انسان می‌تواند داشته باشد. (مارکوس آئورلیوس، امپراتور روم و یکی از فیلسوفان برجستهٔ رواقی در کتاب *Meditations*)

۲. کنترل واکنش‌ها و رفتارهای ناگهانی[۱]
۳. واقع‌بینی در مورد مسیر و پذیرش چالش‌های آن
۴. سبک تبیینِ خوش‌بینانه: در تحلیل علت وقایع، اتفاقات منفی را مقطعی و محدود ببینیم و نیز نقش عوامل بیرونی در آن مسئله را در نظر داشته باشیم.
۵. جذب همدلی از طریق ایجاد شبکهٔ حمایتی قوی برای زمان‌های سخت
۶. خودکارآمدی از طریق تعیین اهداف واقع‌بینانه و قابل‌دسترس و شکستن اهداف بزرگ به گام‌های کوچک‌تر
۷. یادگیری و کسب مهارت‌ها و تجارب جدید

تغییر باورها، شکست مرزها

معناداری مسیر چالش‌ها با ایجاد مدل فکری صحیح آغاز می‌شود و در ادامه، پایبندی به هفت گام کلیدی ذکرشده منجر به حرکت پیوسته و درنهایت توانایی بازگشت به حالت عادی یا حتی قوی‌تر شدن پس از مواجهه با شرایط دشوار[۲] می‌شود. این رویکرد، اساس تجربهٔ همراهی من با مراجعان مختلف و متعدد در مسیر چالش‌هایشان در بیش از دو دهه تدریس، مشاوره و کوچینگ بوده است. خوب است نگاهی کوتاه داشته باشیم به تجربیات برخی از این افراد به نقل از خودشان:

- شما باعث شدید زبان انگلیسی را به‌صورت دیگری یاد بگیرم و همین باعث پیشرفت من در محیط کارم شد،

۱ بین محرک و واکنش فاصله‌ای وجود دارد. در آن فاصله قدرت انتخاب ما قرار دارد. در انتخاب ما، رشد و آزادی ما نهفته است. (ویکتور فرانکل در کتاب *Man's Search for Meaning*)

۲ زندگی یا یک ماجراجویی جسورانه است، یا هیچ! (هلن کلر، در کتاب *The Open Door*)

طوری که شاگردانم باور دارند که من تغییر کرده‌ام. واقعاً به شما مدیونم و امیدوارم روزی دِینم را به شما ادا کنم.

- با صبوری من را پله‌پله هدایت کردید تا بتوانم اول بر ترس‌هایی که بابت آزمون و حتی شروع کردن داشتم غلبه کنم و بعد تکنیک‌های مطالعه را یاد بگیرم.
- شما با برنامه‌ای خلاقانه و درست اجازه ندادید ناامید شوم و دست بکشم. قبل از شما همیشه یادگیری زبان را در نیمهٔ راه رها می‌کردم. شما علاوه بر اینکه باعث شدید یادگیری زبان من در مسیر صحیح قرار گیرد، کمک کردید لحظه‌لحظه‌های زندگی من تغییر کند.
- شاید خیلی از ما در این مسیر خسته شویم، احساس کنیم پیشرفتی نداریم و برای ادامه دادن انرژی نداشته باشیم، اما شما با انگیزه‌ای که به من دادید باعث شدید من هر روز قوی‌تر از قبل ادامه بدهم.
- شما فقط به من یاد ندادید که چطور برای آزمون آیلتس آماده شوم، بلکه سبک اندیشیدن و زندگی کردن همراه با آیلتس را به من یاد دادید؛ این که چطور عادت‌های کوچک روزانه منجر به اتفاق‌های بزرگ می‌شوند.[1]
- شما بینشی نو به من دادید، آن هم درست زمانی که خودم را نمی‌شناختم و به توانایی‌های خودم اعتماد نداشتم.
- نمی‌دانم با چه زبانی از شما تشکر کنم. من قبل از شرکت در دوره‌های شما در چهار سال اخیر چهار بار آزمون آیلتس داده بودم و هر بار نمرهٔ پنج گرفته بودم. بعد از کلاس شما

---

۱ تغییرات کوچک و به‌ظاهر بی‌اهمیت هنگامی که در کنار هم جمع می‌شوند، تأثیر شگرفی در زندگی شما خواهند داشت. (جیمز کلیِر، نویسندهٔ کتاب پرفروش **ترفندهای عادت**: تغییرات ریزی که منجر به نتایج بزرگ می‌شوند / *Atomic Habits*)

توانســتم نمرۀ هفت بگیرم. شما واقعاً معجزه کردید.
- آن‌قـدر روی مـن تأثیرگـذار بودیـد کـه تصمیـم گرفتم یـک انتخـاب مهـم کنـم؛ جنگجو باشـم نـه محافظه‌کار. آری ایـن یـک انتخـاب اسـت و کمتـر کسـی جرئـت انتخـاب کـردن بـه خـودش می‌دهد.
- شـیوۀ تفکری کـه شـما به من یـاد دادید نه‌تنهـا در آموزش، بلکه در خیلی از مراحل زندگی برایم چاره‌ساز بود.
- شـما نگـرش و تکنیک‌هایـی را بـه مـن یـاد دادیـد کـه نه‌تنهـا بـرای آزمونـم مفیـد بـود، بلکـه در کار و ارتباطـات بین‌المللـی، چندیـن سـطح مـن را بـالا بـرد.
- ممنـون به‌خاطـر انگیـزه و حـس خودبـاوری کـه در مراجعـان خـود ایجـاد می‌کنیـد. شـما در عیـن کاربلـد و باسـواد بـودن خالی از عقـده بودیـد و همیشـه نقـاط قـوت شـاگردانتان را تقویت می‌کردید.
- مـن بـا وجـود مشـغلۀ خیلـی زیـاد و داشـتن یـک دختـر سه‌سـاله، بـا راهنمایی‌هـای فوق‌العـادۀ شـما توانسـتم دو بـار پیاپـی نمـرۀ هفـت در دو آزمـون آیلتـس به‌ترتیـب در مـاژول آکادمیـک و جنـرال در فاصلـۀ یـک هفتـه بگیـرم. هیچ‌وقـت فرامـوش نمی‌کنـم کـه چطـور بـا توصیه‌هـای مؤثـر، بـه مـن اعتمادبه‌نفـس دادیـد.

ممنونـم کـه در ایـن فصـل از کتـاب همـراه مـن بودیـد. اگـر تمایـل داریـد در زمینه‌هـای کوچینگِ کسب‌وکار[1] و کارآفرینـی یـک راهنمـای گام‌به‌گام رایگان برای «توسعۀ برند شخصی و کسب‌وکار» به‌عنوان هدیـه تقدیمتـان کنـم، پیشـنهاد می‌کنـم بـه وب‌سـایت مـن بـه نشـانی www.mohsenkhakicoaching.com (بخش مقالات) مراجعه کنید.

---
1 Business Coaching

همچنین اگر دوست دارید یادگیری‌تان را به چند سطح بالاتر ارتقاء دهید و امکان کار مستقیم با من به‌عنوان مربی در کنار خودتان را دارید، پیشنهاد می‌کنم به بخش «خدمات / درخواست جلسات مصاحبه» روی وب‌سایت من مراجعه کنید.

مسیر چالش‌ها: از معناداری تا پیوستگی

دربارهٔ نویسنده

محسن خاکی، کوچِ حرفه‌ای بین‌المللی مورد تأیید فدراسیون بین‌المللی کوچینگ[1] (ICF) و متخصص برندسازی است.

او مسیر حرفه‌ای خود را در هجده‌سالگی با تدریس زبان انگلیسی آغاز کرد. تغییرات در این مسیر از همان سال‌های ابتدایی رخ داد؛ زمانی که تصمیم گرفت پس از فارغ‌التحصیلی از دانشگاه در رشتهٔ مهندسی مکانیک، به رشتهٔ آموزش زبان انگلیسی روی بیاورد.

شکست در آغاز مسیر کارآفرینی، محسن را به دیدگاهی عمیق نسبت به چالش‌ها و فرصت‌ها برای تقویت برندش رهنمون ساخت. اکنون، با بیش از دو دهه سابقه در تدریس و مشاورهٔ آموزش زبان، او به

1 International Coaching Federation

نامی شناخته‌شده در حوزۀ آمادگی آزمون‌های بین‌المللی، مخصوصاً آیلتس، با هزاران کارگاه موفق تبدیل شده است.

این تغییرات، میل به ارزش‌آفرینی بیشتر را در محسن تقویت کرد و او را به سمت فراگیری علوم مدیریت و برندسازی و گذراندن دوره‌های تخصصی بین‌المللی کوچینگ هدایت کرد. در این دوره‌ها او توانست مهارت‌های خود را در توسعۀ کسب‌وکار و نیز رشد فردی به کار گیرد. او در حال حاضر در مقام یک کوچِ موفق حرفه‌ای در سطح اول جهانی فعالیت می‌کند و با تکیه بر تجربۀ برگزاری هزاران ساعت کوچینگ تخصصی و صدها مراجع در عرصۀ بین‌المللی، به صاحبان کسب‌وکار کمک می‌کند تا با شناسایی و به‌کارگیری استعدادهای خود، در مسیر تغییرات بزرگ به عملکرد حداکثری برسند.

به‌علاوه، او برنامه‌ها و کارگاه‌های متعددی را با هدف شناسایی و پرورش استعدادهای فردی و حرفه‌ای افراد طراحی و اجرا کرده است. او از این طریق، به افراد کمک می‌کند تا با شناسایی نقاط قوت خود، بتوانند مسیر شخصی و شغلی خود را به بهترین شکل ممکن پیش ببرند.

محسن مشتاق یادگیری، مطالعه و رشد شخصی خود و دیگران است و علاقۀ زیادی به ورزش، سفر و موسیقی دارد.

راه‌های ارتباط با نویسنده:

حوزۀ کوچینگ:

www.mohsenkhakicoaching.com
mohsenkhakicoaching@yahoo.com
mohsenkhakicoaching

تاب‌آوری در دنیای همیشه در تغییر

حوزهٔ آیلتس:

www.mohsenkhaki-ielts.com
ieltskhaki@gmail.com
IELTS Khaki

سفرِ بند ناف با مادرِ
آسیبَ‌پذیرِ حمایتگرِ
عَشقِ آگاه!

الهام ذکایی

سفرِ بند ناف با مادرِ آسیب‌پذیرِ حمایتگرِ عشق‌آگاه!

الهام ذکایی
لایف‌کوچ

طراحی الهی (دارما[1])

اولین ثانیه‌های روز موعود بود: ۲۰۲۰/۰۸/۳۰ که از پنج روز پیش برای رسیدنش لحظه‌شماری می‌کردم. ساعت ۱۲ شب را نشان می‌داد و من مات و مبهوت وسط چمدان‌هایم نشسته بودم. پدرم نگران بود که به‌موقع به فرودگاه نرسم. مادرم با دو بسته انجیر خشک به طرف چمدان‌هایم آمد، کنارم نشست و گفت: «خدایا، دخترم را این بار دارم به کجا می‌فرستم؟» دستش را نوازش کردم و گفتم: «مادر نگران نباش. باید بروم، پسرم آنجاست.» متوجه اشک‌های مادرم و نگرانی بیش از اندازهٔ پدرم شدم و گفتم: «الهام ۱۸ ماهه را که یادتان هست؟ خودتان بارها برایم تعریف کرده بودید که وقتی ۱۸ ماهه بودم، یک شب که برای شام بیرون رفته بودیم، در مسیر بازگشت از رستوران پشت ویترین یک اسباب‌بازی‌فروشی می‌ایستم و به عروسک پشت ویترین خیره می‌شوم. عروسکی که بیشتر شبیه پسرها بوده؛ نه مویی روی سرش داشته و نه لباس دخترانه‌ای بر تنش. اصرار می‌کنم که آن عروسک را می‌خواهم. شما سعی می‌کنید قانعم کنید که کلی عروسک زیبا دارم، اما با صدای بلند گریه می‌کنم و آن عروسک را می‌خواهم. آن را برایم نمی‌خرید و وقتی به خانه می‌رسیم، تب شدیدی می‌کنم. دکتر خبر می‌کنید

---

۱ Dharma: دارما مفهومی در ادیان هندی‌تبار است که معنای اصلی آن نظام گیتی است.

و او از شما می‌خواهد که کل ماجرای آن روز را برایش تعریف کنید. دکتر بعد از شنیدن ماجرای عروسک به شما می‌گوید: «این دختر زیبا روحش ناراحت است. عروسک را می‌خواهد، عروسک را بیاورید تا تبش پایین بیاید.» دکتر بین جدی و شوخی این را می‌گوید و می‌رود، اما پدر! شما منتظر می‌مانید تا صبح شود، به مغازۀ اسباب‌بازی‌فروشی می‌روید، آن عروسک را برایم می‌خرید و کنارم می‌خوابانید. عروسک را بغل می‌کنم و تبم پایین می‌آید.» پدر و مادرم به یاد این خاطرۀ دور افتادند و لبخندی زدند. ادامه دادم: «من هنوز همان الهام هستم! در زندگی‌ام هرچه را که بخواهم به دست می‌آورم؛ درست مثل آن عروسک بی‌مو!»

پدر و مادرم آرام‌تر شدند و حالا این سؤال که بعد از رسیدن به انگلستان چه در انتظارم خواهد بود در ذهنم تکرار می‌شد. باید شجاعانه می‌ایستادم. پدر و مادرم حق تب کردن و گریه کردن را برای من به رسمیت شناخته بودند و آن را سرکوب نکرده بودند و آن اتفاق کودکی هم مانند اثری ماندگار بر قلبم حک شده بود. مفهوم طرح الهی یا دارما کاملاً آشکار شده بود: من اول یک دختر، سپس یک زن و یک پرستار و یک مادر عشق‌آگاهِ حمایتگر بودم و این رسالت من بود.

دستان گرم پدرم را بر پشتم احساس کردم: «دخترم برو، خدا به همراهت. فقط وقتی رسیدی به ما خبر بده.» گذرنامه، کارت بایومتریک اقامت موقت، برگۀ سلامتی که باید حدود ۴۸ ساعت قبل از پرواز پر می‌شد تا تأییدی بر سلامتم در دوران کرونا باشد و دفتر و خودکارم را به همراه بند ناف آرشام، پسرم، داخل کیفم

گذاشتم. بند ناف آرشام در این هجده سال، در هر سفری که آرشام با من نبود، همراهی‌ام می‌کرد. بند ناف را نگه داشته بودم تا هر بار که نگاهش می‌کنم به یاد بیاورم که مادرم.

نقشهٔ راه چیست؟

ساعت حدود ۲ صبح بود که همراه برادرم به سمت فرودگاه حرکت کردیم. هوا دم داشت و دلم هوای تازه می‌خواست. ۵۰۰۰ کیلومتر بین من و پسرم فاصله بود. به این فکر می‌کردم که چطور بعد از دو روز صحبت بی‌نتیجه با امید، پدر آرشام، طبق توصیهٔ وکیلم بلیت را عوض کرده بودم و حالا قرار بود به‌جای ۱۵ سپتامبر، ۳۰ آگوست پرواز کنم. از اینکه نمی‌توانستم بعد از عمل جراحی پدرم کنارش بمانم و از او مراقبت کنم ناراحت بودم. از خدا کمک می‌خواستم و صدای ضجه زدن‌هایم بعد از خواندن پیامک امید در سرم پیچیده بود. بند ناف آرشام را محکم در دستانم گرفتم. دردی در تنم پیچید؛ دردی از جنس همان درد ماه هشتم بارداری، وقتی بند ناف آرشام دو دور، دور گردنش پیچیده شده بود و به شکم من فشار می‌آورد. اشک صورتم را خیس کرده بود: «خدایا، همان‌طور که پسرم را با وجود بند ناف دور گردنش سالم به دنیا آوردی، کاری کن که قوی بمانم.»

دوباره با امید تماس گرفتم. سال ۲۰۱۸ با امید به این توافق رسیده بودیم که آرشام به هر دوی ما نیاز دارد. اما امید حالا تصمیم خودش را گرفته بود. التماس‌های من برای اینکه در دوران کرونا بحران جدید درست نکند، و آرشام هم‌زمان به عشق و مراقبت پدر و مادر نیاز دارد کارساز نشد. امید اعتقاد داشت که آرشام حالا ۱۸ ساله شده و نیازی به مراقبت من ندارد. او برای چهار سال من و

آرشام را در ایران تنها گذاشته بود و مهاجرت کرده بود. سه سال پیش، اگرچه در ایران موقعیت شغلی خوبی داشتم و پرستار ارشد بودم، اما تصمیم گرفتم فرصت دوباره‌ای به خودم و امید بدهم و من هم مهاجرت کنم تا آرشام عشق پدر و مادر را در کنار هم داشته باشد. در این سه سال، امید به دنبال زندگی خودش رفته بود و من هم بین انگلستان و ایران در رفت‌وآمد بودم. در طول سه سال هفت بار به ایران رفته بودم، چون خیالم راحت بود که می‌توانم بروم و برگردم. وقتی دیدم نه التماس و نه گفت‌وگوی منطقی با امید نتیجه نمی‌دهد، گفتم: «حالا که نمی‌خواهی هیچ تجدیدنظری در تصمیمت بکنی، همۀ تلاشم را می‌کنم، برمی‌گردم و نمی‌گذارم بین من و فرزندم فاصله بیندازی.» صدای نیشخند امید در سرم پیچید: «تو مگر می‌توانی بیایی؟ و اگر هم بیایی ببین می‌توانی از فرودگاه بیرون بروی؟ من به همه‌جا خبر داده‌ام که دیگر ساپورتر تو نیستم.»

حالا دیگر فقط خدا را داشتم. به فرودگاه نزدیک و نزدیک‌تر می‌شدیم. برادرم ناگهان گفت: «الهام، می‌خواهم خودت را برای شرایط دشوار آماده کنی.» گفتم: «خدا همراه من است و او کافی است.» این حرف را به استناد الهام درونم گفتم.

آسیب‌پذیری واقعیت من است

سوار هواپیما شدم. صندلی‌ام کنار پنجره بود. پرواز بر فراز آسمان خاکستری و زمین آسفالتی ایران برایم بسیار دلنشین‌تر از پرواز بر فراز آسمان آبی و زمین پر از چمن انگلستان بود. در تمام سفرهایم در طول این چند سال حسم همین بود و اگر طرح الهیِ خداوند و

عاشقانه‌های مادرانه‌ام نبودند هرگز تن به مهاجرت نمی‌دادم. دفتر و خودکارم را درآوردم تا برای خدایم که او را «بابایی» خطاب می‌کردم نامه‌ای بنویسم. برایش نوشتم: «با تمام دردی که بعد از مهاجرتم داشتم قوی ماندم و ایستادگی کردم. در برابر بیماری‌هایی مثل ریزش مو، میگرن شدید و افسردگی، که بعد از مهاجرت به آن‌ها مبتلا شده بودم، تاب آوردم، دلتنگی برای وطن را تحمل کردم و با تکیه به شما ادامه دادم. سپاس‌گزارم برای دوستی که برایم فرستادید و مونس من شد؛ همان درختی که نام او را «الهامات الهام» گذاشته‌ام. الهامات الهام در هر زاویهٔ خانه به یک شکل طنازی می‌کرد و چهار بهار، سه تابستان، سه پاییز و سه زمستان را با هم گذرانده بودیم. او خیلی تلاش می‌کرد تا من تاب بیاورم و به من می‌آموخت که هر فصل می‌گذرد و باید صبر کرد. در این سه سال همیشه فکر می‌کردم که من کیستم؟ منی که پانزده سال در بیمارستان‌ها با عشق سعی می‌کردم حال جسمی و روحی بیمارانم را بهبود دهم، حالا حال خودم خوب نبود! انکارِ افسردگی کمکی به من نمی‌کرد، و بابایی! شما کمک کردید تا تمام ترس‌هایم را شجاعانه با شما در میان بگذارم و شروع کنم به التیام دادن خودم. دردهایم را زیر فرش قایم نکردم؛ همه را به شما گفتم و حالا فقط از دستان شما معجزه می‌خواهم. قبلاً فکر می‌کردم چون پرستارم حق افسرده شدن ندارم، اما این حق را به رسمیت شناختم و فریادش زدم. فریاد زدم که آسیب‌پذیری نقطهٔ ضعفم نیست، بلکه واقعیت من است. من انسانم و درد هم قسمتی از هویت انسان است. حالا هم نمی‌خواهم مادری بی‌نقص باشم، بلکه می‌خواهم مادری کافی باشم.»

این کلید در را باز نمی‌کند

کمک‌خلبان اعلام کرد که تا دقایقی دیگر در فرودگاه هیتروی لندن[1] فرود خواهیم آمد. ساعت یازده و نیم صبح بود. از هواپیما پیاده شدم و همان حس همیشگی غربت به سراغم آمد. اما چیزی که مرا با این غربت انس می‌داد، گرمای وجود پسرم بود. به سمت باجهٔ بررسی مدارک رفتم. صدای ضربان قلبم را می‌شنیدم. واگویه‌های ذهنی به سراغم آمد: «امید واقعاً به شکل سیستماتیک اعلام کرده که دیگر ساپورتر من نیست؟ یا فقط خواسته مرا بترساند که برنگردم؟» صدای وکیلم در گوشم می‌پیچید: «هر مشکلی بود به من خبر بده تا خودم به آنجا بیایم.»

وقتی صدای کوبیدن مهر ورود بر روی گذرنامه‌ام را شنیدم، قلبم فریاد زد: «ممنونم بابایی!»

به سمت بیرمنگام حرکت کردم. خوشحال بودم که دارم به پسرم نزدیک و نزدیک‌تر می‌شوم، اما نگران بودم که اگر امید هم در خانه باشد چه شرایطی پیش می‌آید. راننده مرا جلوی در پشتی پیاده کرد. چشمم به دوستم، الهامات الهام افتاد که در استقبالم شاخه‌هایش را تکان می‌داد. پاهایم می‌لرزید. نمی‌دانستم باید وارد ساختمان شوم یا نه. تلفنم را برداشتم و شمارۀ آرشام را گرفتم. بعد از چند بوق آرشام جواب داد: «سلام مامان، خوبی؟ ایران خوش می‌گذرد؟» او از آمدن من مطلع نبود، چون وکیلم از من خواسته بود چیزی به آرشام نگویم، مبادا پدرش باخبر شود. گفتم: «پسرم، بسته‌ای سفارش داده‌ام، برو از در پشتی تحویل بگیر.» تعجب کرد:

---

1 London Heathrow Airport

«مامان! شما از ایران از کجا متوجه شدی بسته آمده؟!» گفتم: «خبـر دارم، بـرو دم پنجـرهٔ اتاقت!» وقتـی سـرش را از پنجـرهٔ اتاقش بیـرون آورد و مـرا دیـد غافلگیـر شـد و بـا خنده‌هـای زیبایـش به‌سـرعت بـه اسـتقبالم آمـد. در را بـاز کـرد. بغلـش کـردم، گریـه کـردم و خدا را شـکر کـردم. آرشـام چمدان‌هـا را بـه سـمت آسانسـور بـرد. آسانسـور یکی‌یکـی از طبقـات می‌گذشـت و مـن جرئت پرسـیدن اینکـه تنهایـی یـا نـه را نداشـتم. بالاخـره بـا صـدای لـرزان پرسـیدم: «پسـرم، تنهایـی؟»

«بله مادر، تنها هستم.»

قلبم بلند داد زد: «ممنون بابایی!»

بـه در خانـه کـه رسـیدیم، کلیـدم را درآوردم تـا در را بـاز کنـم. آرشـام گفـت: «مامـان، کلیـد شـما در را بـاز نمی‌کنـد، بابـا قفـل در را عـوض کـرده.» صدایـی درونـم گفـت: «خداونـد همـهٔ درهـا را بـاز می‌کنـد.»

وقتـی آرشـام در را بـاز کـرد، نگاهـی بـه اطـراف انداختـم و دیـدم کل خانـه تغییـر کـرده. همـه چیـز جابه‌جـا شـده بـود. بـه اتـاق خوابـم رفتـم و دیـدم لباس‌هایـم در یـک چمـدان جمـع شـده. بـا دیـدن ایـن وضعیت سـریع بـه وکیلـم زنـگ زدم. بعـد از شـنیدن ماجـرای عـوض کـردن قفـل در و وضـع آشـفتهٔ خانـه بـه مـن گفـت: «الهـام، بایـد صریـح بگویـم؛ بـا اتفاقاتـی کـه افتـاده، تـو الآن سـه تـا انتخـاب داری: اولـی اعلام پناهندگی اسـت؛ کـه تـو شـرایط پناهنـده شـدن را نـداری، دومـی ایـن اسـت کـه بـه ایـران برگـردی و آرشـام را تنهـا بگـذاری، و سـومی هـم ایـن اسـت کـه تمـام اتفاقـات، از عـوض کـردن قفـل در تـا هرچـه در ایـن سـه سـال برایـت اتفـاق افتـاده را بـه پلیـس اطلاع دهـی. می‌دانـم کـه به‌خاطـر آرشـام نمی‌خواهـی ایـن کار را انجـام بدهـی، امـا بـا او حـرف بـزن و

واقعیت را به او بگو. برایش توضیح بده که تو قلباً نمی‌خواهی دردسری برای پدرش ایجاد کنی و اگر می‌خواستی این کار را بکنی، همان سال ۲۰۱۸ این کار را انجام داده بودی، اما حالا چارهٔ دیگری نمانده.» تلفن را قطع کردم و فکر کردم که باید چه‌کار کنم. امید پدر آرشام بود و نمی‌خواستم از دید آرشام مادری باشم که برای پدرش دردسر درست کرده است.

با آرشام صحبت کردم و در کمال ناباوری‌ام، او گفت: «مادر! من متوجه هستم که این چالشی است که بابا برای شما درست کرده. کار درست را انجام بده. شما به من یاد دادی پدرم را دوست داشته باشم و به او احترام بگذارم، الآن هم می‌دانم که برای ارتباط من با پدرم شما هیچ مانعی ایجاد نمی‌کنید؛ همان‌طور که هرگز نکردید. من پای عشق به شما و احترام به پدرم می‌ایستم و او را متقاعد می‌کنم که او بوده که می‌خواسته برای شما مشکل به وجود بیاورد و راهی که پیش رویش است انتخاب خودش بوده.» گفتم: «انتخاب سختی است؛ از زیر حمایت پدرت خارج می‌شوی، اقامت دائمت معلوم نیست چه خواهد شد، حتی تکلیف خانه هم نمی‌دانم چه می‌شود.» حرفم را قطع کرد و گفت: «می‌دانم تکلیف این‌ها معلوم نیست، اما تکلیف یک چیز معلوم است؛ اینکه تا حالا شما پای عشق به من ایستاده بودی و از حالا هم من پای شما می‌ایستم.»

تنها راه نجات، پریدن است!

عاشقانه‌های مادرانه‌ام در طول ۱۸ سال این‌گونه به من برگشت و اکنون به روشی مُسری فریادش می‌زنم تا بدانیم مادر عشق‌آگاهِ آسیب‌پذیرِ حامی چگونه از خداوند پاداش می‌گیرد. این اثر مواجه

شدن با ترس است؛ همان‌گونه که کارل گوستاو یونگ[1] گفته است: «اگر ترس از افتادن باشد، تنها راه نجات پریدن است.»

وظیفهٔ ما این است که با ترس‌هایمان روبه‌رو شویم تا بتوانیم به هدف آفرینشمان فکر کنیم. خدا مرا خلق کرد، از من حمایت کرد، به من تولد دوباره بخشید و از من با چیره شدن بر ترس‌هایم یک مادر قهرمان ساخت و نتیجه، یک پسر قهرمان شد. من قول داده بودم پسر عاشقی را به جهان هستی تحویل دهم و امروز نتیجهٔ این عشق را دیدم. با نگاه عمیق به سفر زندگی‌ام، از کودکی تا اکنون و اینجا که تولد دوبارهٔ من است، خداوند لحظه‌به‌لحظه در تمام رخدادهای زندگی‌ام همراه من بوده و مجموعهٔ همهٔ این رخدادها، چه قهقهه زدن‌هایم و چه افسردگی‌هایم، باعث شده بتوانم با شجاعت بگویم: «این منم، الهام». باور دارم که ساختمان الهام از تک‌تک آجرهای درد و شادی درست شده؛ از لحظات کنش‌گری‌ام و لحظات منفعل بودنم. با به رسمیت شناختن تمام این آجرها راه مهربانی با خودم را پیدا کرده‌ام. اعتماد و اطمینان به خالق اول، خدا، و کنش خودم که خالق دوم، یعنی مادر عشق‌آگاهِ آسیب‌پذیرِ حمایتگر بودم، باعث شد تا بتوانم تاب بیاورم. عشق مادرانه‌ام بعد از این نیز ادامه دارد و اگرچه هیچ نقشه‌ای برای آن ندارم، اما با اعتماد و اطمینان به خدا ادامه می‌دهم. هرچه بکاریم همان را درو می‌کنیم؛ من عشق کاشتم، آن را با عشق آبیاری کردم و عشق درو کردم.

در آخر می‌خواهم با تجربهٔ ۱۸ سال سفر عاشقانهٔ مادرانه‌ام، بگویم که خط‌کشی کردن میان عشق مادر به فرزند و عشق پدر به

1 Carl Gustav Jung

فرزند را باید فراموش کرد. اگر به هر دلیلی پدر و مادر از یکدیگر جدا شدند و فرزند با یک والد زندگی کرد، نباید فرصت عشق ورزیدن والدِ دیگر را از فرزند دریغ کنیم. باید بدانیم گرفتن عشق پدر یا مادر از فرزندان خیانتی بزرگ در حق آن‌هاست و باور داشته باشیم نیمی از فرزند از پدر و نیم دیگرش از مادر است و ما حق گرفتن نیمی از وجود فرزندمان را نداریم.

سفرِ بند ناف با مادرَ آسیب‌پذیرِ حمایتگر عشق آگاه!

دربارهٔ نویسنده

الهام ذکایی در تاریخ ۱۹۷۷/۰۲/۰۱ به دنیا آمد و ۴۳ سال بعد، در تاریخ ۲۰۲۰/۰۸/۳۰ تولدی دوباره را تجربه کرد. الهام بسیار مهربان، مسئولیت‌پذیر، سخت‌کوش و دگرخواه است. او باور دارد هر انسانی با یک رسالت مشخص به جهان هستی پا می‌گذارد و رسالت وجودی او کمک کردن به دیگران بوده، هست و خواهد بود. الهام در رشتهٔ کارشناسی پرستاری تحصیل کرده و برای ۴۵ سال پرستار خودش و خانواده‌اش، برای ۱۵ سال پرستار بیمارانش در بیمارستان، و برای ۱۸ سال پرستار فرزندش بوده است و حالا درزمینهٔ کوچینگ و حمایتگری فعالیت می‌کند و به‌نوعی پرستار درد مردم و حمایتگری بدون مرز برای ایرانیان است. او پس

از تولـد دوبـاره‌اش، در کلاس‌هـای دکتـر شـهاب انـاری در دورۀ تربیـت مـدرس شکوفایی شرکت کرد و بـا فراگیـری مهـارت کوچینـگ، مـدرک بین‌المللـی‌اش را از فدراسـیون بین‌المللـی کوچینـگ[1] دریافـت کـرد. الهـام به‌عنوان لایف‌کـوچ از همـه دعـوت می‌کنـد در پیـج رسمی‌اش بـا نـام «عشـق بـدون مـرز» همراهـی‌اش کننـد و ادامـۀ داسـتان عاشـقانۀ مادرانـه‌اش را بخواننـد.

الهـام معتقـد اسـت بایـد همـه بـا هـم تـلاش کنیـم تـا جهان جـای زیباتـری بـرای زیسـتن شـود. بـرای ایـن منظـور بایـد رسـالتی را کـه بـا آن بـه ایـن جهان آمده‌ایـم بشناسـیم، در راه آن رسـالت قـدم برداریـم و آن را بـا تمـام وجـود زندگـی کنیـم؛ ایـن اسـت معنـای تاب‌آوری در دنیـای متغیـر امـروز، دیـروز و فـردا.

راه‌های ارتباط با نویسنده:

✉ elhamzokaei1977@gmail.com
◉ eshghe.bedone.marz

---

[1] International Coaching Federation (ICF)

برویم و فقط عشق بورزیم
دریچه‌ای به ارتباطات بهتر

مهدی رامشی

برویم و فقط عشق بورزیم
دریچه‌ای به ارتباطات بهتر
مهدی رامشی
کارشناس بانک، کوچ

ملت عشق از همه دین‌ها جداست

عاشقان را ملت و مذهب خداست

این شعر مولانا را می‌توان بارها مرور کرد و سرلوحهٔ زندگی خود قرار داد. می‌خواهم داستان خودم را با داستانی دیگر آغاز کنم. مردی بود که ادعا داشت زیباترین قلب دنیا را دارد. قلبی سالم و بدون هیچ خدشه‌ای. قلب سالم او مانند جواهری می‌درخشید. پیرمردی جلو آمد و گفت: «قلب تو به زیبایی قلب من نیست.» سپس قلب خود را به مرد جوان نشان داد. تکه‌هایی از قلب او برداشته شده و تکه‌هایی جایگزین شده بودند. بعضی جاها هم خالی بود. مرد جوان گفت: «قلب تو فقط مشتی زخم، بریدگی و خراش است!» پیرمرد جواب داد: «قلب تو سالم است، اما زیبا نیست. هر زخم روی قلب من جای عشقی است که بخشیدم و هر خراش یادآور عشقی است که داشتم. بعضی وقت‌ها بخشی از قلبم را به کسانی بخشیده‌ام، اما آن‌ها چیزی از قلبشان را به من ندادند، این‌ها همین شیارهای عمیق هستند؛ اگرچه دردآور هستند، اما یادآور عشقی هستند که داشتم. منتظرم روزی برگردند و این شیارهای عمیق را با قطعه‌ای از قلبشان پر کنند. حالا می‌بینی زیبایی واقعی چیست؟» مرد جوان جلو رفت، قطعه‌ای از قلبش را بیرون آورد و به پیرمرد داد. پیرمرد آن

را گرفت و در گوشه‌ای از قلبش جا داد و به‌جای آن، بخشی از قلب پیر و زخمی خود را در سینهٔ جوان گذاشت. مرد جوان به قلبش نگاه کرد که دیگر سالم نبود، اما از همیشه زیباتر شده بود؛ زیرا عشق از قلب پیرمرد، به قلب او نفوذ کرده بود.

عشق ورزیدن با ترس

پدرم فردی بسیار سخت‌گیر و منظم بود و قوانین خودش را داشت. ازاین‌رو من و برادرم، هرگز آن‌طور که باید و شاید نتوانستیم با پدرم ارتباط برقرار کنیم. همیشه این احساس ترس آمیخته با احترام مانع از ابراز محبت ما می‌شد. وقتی دوازده‌ساله بودم دچار مشکلی در صورتم شدم. در اصطلاح پزشکی، عصب ششم سمت چپ صورتم فلج و دهان من به سمت چپ متمایل و کج شد. پدرم وقتی وضعیت صورتم را دید با همان لحن پرقدرت پدرانه به من گفت: «عصر بیا مغازه تا با هم بریم دکتر.» بعد از تعطیلی مدرسه (آن زمان مدرسه‌ها دو شیفت داشتند)، ساعت چهار و نیم خودم را به مغازهٔ ابزارفروشی پدرم رساندم. پدر مغازه را به برادرم، کاووس، سپرد و به او گفت: «توی مغازه باش تا مهدی رو ببرم دکتر.» درست خاطرم هست که پدرم موتور کاوازاکی قرمزرنگ ژاپنی را با پای خود هندل زد و روشن کرد و به من گفت: «سوار شو.»

من سوار موتور کاوازاکی قرمزرنگ بابا شدم. در طی مسیر، از یک طرف به‌خاطر ترس افتادن از موتور و از طرف دیگر به‌خاطر استرس و ترس از دکتر، آرام‌آرام دست‌هایم را دور کمر پدر حلقه کردم و سرم را روی شانه‌های او گذاشتم. خیلی احساس زیبایی داشتم و دلم می‌خواست این مسیر ساعت‌ها طول بکشد. نزدیکی به پدر برای من، رؤیایی بود.

حس عجیبی داشتم. پدر آرام با من حرف می‌زد و دلداری‌ام می‌داد. می‌گفت: «مهدی جان، بابا جون، خوب می‌شی ان‌شاءلله. اگه لازم بود خودم می‌برمت بوشهر یا شیراز تا خوبِ خوب بشی.»

دیگر وضعیت صورتم را فراموش کرده بودم. دلم می‌خواست فریاد بزنم که چقدر دوستش دارم، اما جرئت نکردم. آن زمان‌ها پدرسالاری حاکم بود. پدرم به‌آرامی شروع کرد به صحبت کردن و دلداری دادن. در آن لحظه دریافتم که اساسی‌ترین نیاز من این است که صادقانه مورد عشق کسی قرار بگیرم. این احساس محبت آن‌قدر زیبا و قدرتمند بود که نفس من را بند آورد. از آن روز شیفتهٔ مکتب عشق شدم. فهمیدم که محبت باعث می‌شود تا تحمل هر دردی راحت‌تر شود. دریافتم محبت و عشق بهترین و زیباترین چیزی است که در دنیا هست؛ که نه دیده و نه شنیده می‌شود و تنها می‌توان آن را با قلب خود حس کرد.

زندگی نیست به‌جز نم‌نم باران بهار
زندگی نیست به‌جز دیدن یار
زندگی نیست به‌جز عشق،
به‌جز حرف محبت به کسی
ورنه هر خار و خسی
زندگی کرده بسی
زندگی تجربهٔ تلخ فراوان دارد
دو سه تا کوچه و پس‌کوچه و اندازهٔ یک عمر بیابان دارد
ما چه کردیم و چه خواهیم کرد در این فرصت کم؟[1]

---

۱ شعر از کیوان شاهبداغی

عاشقی؛ کلید نزدیکی قلب‌ها

پارسا، پسرم، کلاس سوم بود. هر روز وقتی برای او تغذیهٔ روزانه‌اش را می‌چیدیم، اصرار می‌کرد که از هر میوه دو عدد در ظرف مخصوص غذایش بگذاریم. هر روز این روال تکرار می‌شد. وقتی مادرش دلیل را جویا می‌شد، می‌گفت دوست دارد دو تا را با هم بخورد. اما میوه خوردنش در خانه با حرف‌هایش متناقض بود. کنجکاوی باعث شد تا از معلم پسرم که خانم فرهیخته‌ای بود واقعیت ماجرا را جویا شوم. خانم معلم گفت که رفتار پسرم را زیر نظر می‌گیرد و ماجرا را به من خواهد گفت. چند روز بعد، از مدرسه تماس گرفت و چیزی که به ما گفت قلبم را لرزاند. پسرم هر روز با یکی از هم‌کلاسی‌هایش میوه‌ها را تقسیم می‌کرد و به خانم معلم گفته بود که شاید دوست من امروز میوه نداشته باشد؛ ما با هم میوه می‌خوریم و هر دو خوشحال‌تر هستیم.

پسرم چیزی را فهمیده بود که قلبم را لرزاند: لذت حضور دیگران. انسان موجودی اجتماعی است و به حضور، تأیید و محبت دیگران نیاز دارد. محبت بذری از احساسات خوب را در دلت می‌کارد. هر لبخند تو به دنیا، آغازگری برای هزاران لبخند است.

چیزی که پسرم آموخته بود معنای مهربانی، ایثار و فداکاری و قدرت عشق بود. شاید در این مسیر با دلشکستگی مواجه می‌شد، اما چیزی که مهم بود این بود که عشق خالص را یافته بود؛ چیزی که ارتباطات را فراتر از زمان و مرزها می‌برد. در حضور عشق، زندگی غنی‌تر و معنادارتر می‌شود، زیرا این قدرت را دارد که لحظات عادی را به خاطرات خارق‌العاده تبدیل کند. در عشق است که آرامش،

همراهــی و تفاهــم را می‌یابیــم. عشــق جوهــر وجــود انســان اســت؛ ایــن تنهــا زبــان جهانــی اســت کــه از مرزهــا فراتــر مــی‌رود.

از طریــق عشــق ارتبــاط عمیــق را بــا انســانی دیگــر تجربــه می‌کنیــم و بــدون قیدوشــرط عیــوب او را می‌پذیریــم. عشــق و محبــت می‌توانــد باعــث شــود تــا در تاریک‌تریــن لحظــات کنــار هــم خوشــحال باشــیم و روزنهٔ امیــد و شــادی را بیابیــم. عشــق بــه مــا اجــازه می‌دهــد کــه زخم‌هــای روحمــان را بــه هــم نشــان دهیــم و ایمــان داشــته باشــیم کســی روی زخم‌هــای مــا نمــک نخواهــد پاشــید. عشــق را می‌تــوان در خالص‌تریــن شــکل ممکــن تجربــه کــرد، می‌تــوان در آغــوش عشــق بــه آرامــش و آســایش دســت پیــدا کــرد.

پســرم راز خوشــبختی را یافتــه بــود: در جمــع و بــا شــادی دیگــران اســت کــه شــادمان می‌شــویم. عشــق در دنیــای اطــراف مــا و در عالــم هســتی نهفتــه اســت؛ در نــگاه پــدر و مــادر بــه فرزنــد، در گلــی زیبــا، در بــاران، در نــور و در هــر چیــزی کــه در مقابــل دیــدگان ماســت، عشــق ریشــه دوانــده اســت. بایــد عشــق و حــال خــوب را بــه هــم هدیــه بدهیــم. نبایــد آن‌قــدر در زندگــی روزمــره غــرق شــویم کــه از دلســوزی و مهربانــی نســبت بــه دیگــران غافــل شــویم.

نیروی عشق

عشق نیروی قابل‌توجهی دارد که فراتر از مرزهاست و عمیق‌ترین احساسات را در مــا شــعله‌ور می‌ســازد. عشــق دلیــل فــداکاری و آغــاز ارتباطــات اســت. دوســت داشــتن دیگــران، خالص‌تریــن تجربــهٔ ممکــن اســت؛ دلــت می‌خواهــد بــا تمــام وجــود از آن مراقبــت کنــی و فــداکار، مهربــان و شــجاع شــوی. عشــق قلــب را روشــن می‌ســازد. عشــق دریچــه‌ای بــه ســمت نــور اســت کــه می‌تــوان بــا محبــت، همدلــی و درک متقابــل آن را رنگ‌آمیــزی کــرد. عشــق پایــه و اســاس تمــام روابــط انســانی اســت و بــه مــا قــدرت می‌دهــد تــا بــا هــم بــر ســختی‌ها غلبــه

کنیم و پیروزی‌های زندگی را جشن بگیریم. عشق تنها به روابط عاشقانه محدود نمی‌شود؛ می‌توان آن را به خانواده، دوستان و حتی غریبه‌ها هدیه داد. عشق نفس مسیحایی دارد و می‌تواند قلب‌های شکسته را شفا دهد و الهام‌بخش ما باشد تا به بهترین نسخهٔ خودمان تبدیل شویم.

عشق در ناب‌ترین حالت خود، ما را به مراقبت از دیگران وامی‌دارد؛ به اینکه حضور دیگران را غنیمت بشماریم و از آن‌ها حمایت کنیم. عشق به ما قدرت غلبه بر موانع را می‌دهد، شجاعت خطر کردن را به ما می‌دهد و درنهایت چراغ روزهای تاریک و ناامیدی ما می‌شود. عشق نیروی محرکهٔ بشر است و ما را به سمت دنیایی روشن‌تر هدایت می‌کند.

عشق به معنای پذیرفتن ایرادها و نقایص است. عشق هدیه‌ای فوق‌العاده است که باید آن را گرامی داشت و سعی کرد آن را پرورش داد.

عشق احساس شفقت، همدلی و احترام را برمی‌انگیزد و ما را تشویق می‌کند تا نسخه‌های بهتری از خود باشیم. در خالص‌ترین شکل خود، عشق بی‌زمان است، از مرزها فراتر می‌رود و شکاف‌های بین افراد مختلف را پر می‌کند.

حال خوب با عشق ورزیدن

عشق ورزیدن نیرویی است که ما را وادار می‌سازد تا دلسوز، مهربان و فهمیده باشیم. آتشی را در درون ما شعله‌ور می‌سازد تا با شوری سیری‌ناپذیر رؤیاها و آرزوهایمان را دنبال کنیم. عشق ما را تشویق می‌کند تا با تمام وجود زندگی را در آغوش بگیریم و در ساده‌ترین لحظات شادی را بیابیم. در اصل، عشق ورزیدن تجلی نهایی انسانیت

ماست و یادآوری می‌کند که قادر به شفقت، پذیرش و ارتباط بی‌قیدوشرط هستیم.

عشق باعث حال خوب ما می‌شود. هروقت توانستیم خود را عاشقانه دوست بداریم، بهتر و راحت‌تر می‌توانیم دیگران را دوست بداریم، به آن‌ها عشق بورزیم و حالشان را خوب کنیم. خود را با تمام وجود دوست بداریم، با عشق زندگی کنیم و مراقب حال و افکار خودمان باشیم؛ زیرا آفرینش آینده وظیفهٔ ماست. رسالت ما این است که تلخی زندگی را شیرین سازیم. در جست‌وجوی عشق بودن اشتباه است؛ باید خود عشق باشیم، عشق را خلق کنیم و نفرت را به عشق بدل کنیم تا دنیا را جای بهتری سازیم.

عشق صورت‌های متفاوتی دارد. می‌تواند ملایم باشد یا خشن. می‌تواند گلبرگ گل ظریفی باشد که با مهربانی در آغوش می‌گیرید یا طوفانی خروشان که هر چیزی را در هم می‌ریزد و ویران می‌کند. نیرویی غیرقابل‌توضیح است که از زمان و مکان فراتر می‌رود و روح‌ها را در فواصل وسیع و موانع بی‌امان به یکدیگر متصل می‌سازد. از طریق عشق، در هرج‌ومرج زندگی آرامش می‌یابیم، زیرا عشق، ما را از تاریک‌ترین لحظات عبور می‌دهد. عشق می‌تواند حسی بی‌نظیر ایجاد سازد، ضربان قلب را بالا ببرد و به ما حس زندگی بدهد.

آن زمان که خودت را همان‌طور که هستی می‌پذیری، زیبا و عاشق می‌شوی. وقتی خودت را دوست بداری، دیگران هم تو را دوست خواهند داشت. وقتی احساس تنفر داشته باشی، دیگران هم از تو دور خواهند شد. عشق ورزیدن به خود باعث می‌شود تا بی‌نیاز شوی. لازم نیست عشق را در بیرون و در کسی جست‌وجو

کنی. علاقهٔ قلبی نخی نامرئی است که قلب‌ها را به هم پیوند می‌دهد و زندگی را زیباتر می‌سازد. عشق در تمام ابعاد زندگی متجلی می‌شود. زندگی بر پایهٔ دوست داشتن، باعث ایجاد شفقت و همدلی می‌شود. عشق این قدرت را دارد که هم دهنده و هم گیرنده را التیام بخشد. عشق منبع بی‌پایان شادی و مرهم روزهای ناامیدی است. در خالص‌ترین شکل خود، عشق بی‌حدومرز، فداکار و انعطاف‌پذیر است. این نیرویی است که در تمام جنبه‌های زندگی ما نفوذ می‌کند و زیبایی و ارتباطی را که بین همهٔ موجودات وجود دارد به ما یادآوری می‌کند.

در لحظات تاریک، در اوج ناامیدی، در بیماری، در ترس، در وحشت، در تنهایی، چیزی که قلب را گرم می‌کند، محبت است. محبتی که بی‌قیدوشرط به دیگران عرضه می‌کنی. این محبت به قلب گرما می‌دهد و باعث می‌شود تا از زندگی لذت ببری و لذت زندگی را با دیگران به اشتراک بگذاری. اگر قرار است رسالتی داشته باشم، دوست دارم این رسالت کاشتن بذر عشق در دل دیگران باشد تا دنیا را از زاویهٔ زیباتری ببینند. همان‌طور که من پشت موتور پدرم عشق را یافتم، پسرم در تقسیم میوه‌ها بِ دوستانش عشق را پیدا کرد. محبت و عشق تنها چیزی است که هرچقدر آن را تقسیم کنی، زیادتر می‌شود.

برویم و فقط عشق بورزیم
دریچه‌ای به ارتباطات بهتر

دربارهٔ نویسنده

مهدی رامشی از سال ۱۳۹۵ در دوره‌های آموزشی متعددی مانند دورهٔ استادی استاد بهرام‌پور و دورهٔ پیشرفتهٔ کوچینگ[1] دکتر اناری شرکت کرد و سعی کرد تا به رشد فردی و شغلی خود کمک کند. درنهایت احساس کرد که دوست دارد این آموخته‌ها را با همکاران و دوستانش نیز به اشتراک بگذارد. این حس خوب باعث شد تا وارد حوزهٔ ارتباطات مؤثر و بهبود مهارت‌های فردی شود. او سعی دارد تا به خودش و دیگران کمک کند تا دنیا را بهتر از چیزی که تحویل گرفته‌اند بسازند و عشق و محبت را وارد زندگی خود کنند.

مهدی رامشی در سال ۱۳۵۳ در روز جمعه، بیستم اردیبهشت، چشم

---
1 Coaching

به جهان گشود و در شش‌سالگی به همراه خانواده به بندر کنگان در استان بوشهر مهاجرت کرد. در نوجوانی به مطالعه علاقۀ زیادی پیدا کرد و دربارۀ شاعران و نویسندگان ایرانی و خارجی مطالعه کرد. در تابستان هم به مشاغلی مانند مکانیکی و تعمیر خودرو می‌پرداخت، اما به‌خاطر ضعیف بودن چشم‌هایش و گرمای شدید منطقه این مشاغل را رها کرد و به یادگیری بیشتر پرداخت. در سال ۱۳۷۷ در بانک ملت استان بوشهر استخدام شد. بعد از انتقال به استان فارس، از سال ۱۳۹۵ تا به امروز در این بانک در ردۀ مدیریتی (معاونت) در شهر شیراز استان فارس مشغول به کار است.

مهدی عاشق عشق ورزیدن به هم‌نوعان خود است و این جملۀ توماس لئونارد[1] «بروید و به مردم عشق بورزید» را سرلوحۀ کار خود قرار داده است. او از تعامل با دیگران لذت می‌برد و زیباترین صحنۀ دنیا را آوردن لبخند روی لبان دیگران می‌داند. او اعتقاد دارد که دنیا پر از عشق و محبت و دوستی‌هاست و سعی دارد جهان را به سمت صلح و صفا هدایت کند.

راه‌های ارتباط با نویسنده:

rameshimehdi

m.rameshi@yahoo.com

---

1 Thomas J. Leonard

۷۸۶

فراتر از ایده‌آل؛
سفری در قلب
کوچینگ با باربد

باربد رییسی

۷۸۶

فراتر از ایده‌آل؛ سفری در قلب کوچینگ با باربد

باربد رییسی
کوچ حرفه ای بین المللی رهبران و مدیران
مدرس و مشاور سرمایه گذاری های کلان

«خداوند به بندگانش بسی مهربان است، هرکه را خواهد [فراوان] روزی می‌دهد، و اوست که نیرومند و توانای شکست‌ناپذیر است.»[۱]

از تاج پادشاهی تا ممنوع‌الکاری

دم غروب بود، حوالی ساعت پنج، پنج‌ونیم. به قدری باران می‌بارید که برف‌پاک‌کن ماشین کم آورده بود. پشت چراغ قرمز بودم و می‌دیدم که مردمی که چتر نداشتند، چطور دنبال سقفی می‌گشتند تا به آن پناه ببرند و کمتر خیس شوند. اخبار داشت خبر از وقوع سیل می‌داد. چراغ سبز شد. نمی‌توانستم در ماشین بمانم. بعد از چهارراه از ماشین پیاده شدم. بدون چتر پیاده‌روی کردم و اتفاق‌هایی را که از صبح تا حالا رخ داده بود در ذهنم مرور کردم. صبح منتظر تاج پادشاهی بودم ولی حالا...

آخرین شب اجرای تئاترم با من تماس گرفتند که: «...شما الآن صاحب لقب جوان‌ترین کارگردان تئاتر ایران هستید!» از خوشحالی داشتم بال درمی‌آوردم. در کشور ایران، با تاریخ حداقل ۲۵۰۰ساله، من، باربد پانزده‌ساله، جوان‌ترین کارگردان تئاتر هستم!

---

۱ ٱللَّهُ لَطِيفٌۢ بِعِبَادِهِۦ يَرْزُقُ مَن يَشَآءُ ۖ وَهُوَ ٱلْقَوِىُّ ٱلْعَزِيزُ. سورهٔ مبارکهٔ شوری، آیهٔ ۱۹.

فـردا صبـح دوبـاره بـا مـن تمـاس گرفتنـد. فکـر می‌کـردم می‌خواهنـد بــه مــن تبریــک بگوینــد، ولــی آقایــی بــا لحــن خونســرد گفــت:
- آقای رییسی؟
- جانم، بفرمایید.
- شما دو سال ممنوع‌الکار هستید.
- ...
گویی جهان روی سرم خراب شد.

از آن روز مـدت زیـادی گذشـته اسـت. مسـیر پرپیچ‌وخمـی را طـی کـرده‌ام، امـا خـدا را شـکر می‌کنـم کـه خداونـد مـرا و تمـام مـردم جهـان را در دسـتان پرقـدرت و پرمهـر خـودش گرفتـه اسـت. رفته‌رفتـه مهـارت کوچینـگ را آموختـم و در حـال حاضـر تیم‌هـا و افـرادی کـه کوچشـان هسـتم، لقب‌هایـی همچـون افسـانۀ کوچ‌هـا، جادوگـر و شـعبده‌باز را بــه مــن نســبت می‌دهنـد و خــدا را شــکر می‌کنـم کــه می‌توانــم در زندگی‌شـان تغییـر و تحـول عمیـق ایجـاد کنـم.

کوچینگ[1] و تاب‌آوری

در سـرزمین زندگـی، کوچینـگ چونـان فانوسـی اسـت در دسـت بـاد؛ راهنمایـی می‌کنـد ولـی نمی‌رانـد. سـال‌ها در ایـن مسـیر همچـون دریانـوردی بوده‌ام کــه بــا قطب‌نمـای تاب‌آوری، سـفرهای بی‌شـماری را هدایـت کرده‌ام. تاب‌آوری، ایـن کلیدواژۀ جادویـی، نه‌تنهـا در برابـر طوفان‌هـای زندگـی ایسـتادگی می‌کنـد، بلکـه بــا هــر مــوج، قدرتـی نــو بــه مــا می‌بخشـد.

کوچینـگ علــم و هنــر اسـت؛ تلفیقـی از شـناخت و احسـاس. به‌عنـوان

---
1 Coaching

کوچ، قدم به قدم با مراجعانم همراه می‌شوم و در این سفر، تاب‌آوری را به‌مثابهٔ نقشه‌ای می‌بینم که راه‌های پیچ‌درپیچ زندگی را به مسیرهای روشن تبدیل می‌کند. در این میان، مدیریت استرس، تقویت ارتباطات و توسعهٔ تفکر مثبت، سه ستون اصلی هستند که بر پایهٔ آن‌ها، بنای تاب‌آوری را استوار می‌سازیم. تاب‌آوری، فراتر از یک مهارت، یک هنر زندگی است. هنری که از هر چالش، فرصتی برای شکوفایی و از هر شکست، درسی برای پیروزی می‌آفریند. این مسیر، مسیری است که در آن هر قدم یک داستان است و هر داستان، بخشی از افسانه‌ای بزرگ‌تر.

توصیه می‌کنم کتاب **تاب‌آوری، مجموعه مهارت‌های زندگی دانشگاه هاروارد**[1] را مطالعه کنید.

تاب‌آوری از دیدگاه قرآن

قرآن کتابی آسمانی است که نورش از دل آسمان به زمین فرود می‌آید. این کتاب حاوی حکمت‌های بی‌پایان و اسرار عالم نهان است. در این بخش به راه‌های افزایش تاب‌آوری از دیدگاه قرآن نگاهی مختصر می‌اندازیم:

۱. صبر و تاب‌آوری: تاب‌آوری همچون یک درخت پایدار ما را در برابر طوفان‌ها و بحران‌ها محکم نگه می‌دارد.
۲. اعتماد به خدا: اعتماد به خداوند همچون گلی است که به سمت خورشید باز می‌شود و گلبرگ‌های زیبا می‌آفریند.
۳. توجه به نتایج مطلوب رفتارها: شکر نعمت، نعمتت افزون کند.
۴. توکل بر خدا: توکل قلباً و خالصانه به خداوند، سبب

۱ ترجمه این کتاب توسط انتشارات پندار تابان منتشر شده است.

دلگرمی و تاب‌آوری ما در لحظات آسان و سخت است.

۵. تفکر و تدبر: تفکر و تدبر در آیات قرآن، ما را به تاب‌آوری و پیشرفت تشویق می‌کند.
۶. اجتناب از ناامیدی: ناامید نشدن از رحمت و بخشش خداوند سبب تقویت تاب‌آوری می‌شود.
۷. پایداری در مواجهه با آزمایش‌ها: ایمان داشته باشیم که با صبر می‌توانیم به صدر دست پیدا کنیم.
۸. اعتماد به نیکوبختی‌های آینده: باور داشته باشیم که در انتهای مسیر، خوشحالی و پیروزی در انتظار ماست.

درمجموع، تاب‌آوری یک مهارت مهم در مقابله با استرس‌ها و آسیب‌های روانی و اجتماعی است. امروزه با افزایش آسیب‌های روانی و اجتماعی، شناخت تاب‌آوری و ویژگی‌های آن می‌تواند افراد را در برابر عوامل استرس‌زا و اضطراب‌آور مقاوم سازد و کارکردهای مثبت زندگی‌شان را افزایش دهد. در ادامه برخی عوامل دیگر تاب‌آوری از منظر قرآن را می‌خوانیم:

۱. تلقین مثبت: قرآن به ما تلقین می‌کند که می‌توانیم مشکلات و بحران‌ها را با اطمینان و امید به راهگشایی حل کنیم.
۲. حفظ آمادگی: قرآن ما را تشویق می‌کند تا همیشه آماده باشیم و با تمرکز بر روی اهدافمان، مشکلات را پیش‌بینی کنیم.
۳. حفظ روابط خوب با خانواده: قرآن بر اهمیت حفظ روابط خانوادگی تأکید می‌کند.
۴. پذیرش شرایط غیرقابل‌تغییر: قرآن ما را تشویق می‌کند

تا شرایطی را که قابل تغییر نیستند بپذیریم و با آن‌ها سازگار شویم.

5. داشتن اهداف واقع‌گرایانه: قرآن به ما توصیه می‌کند که در تعیین اهدافمان واقع‌گرایانه عمل کنیم.
6. تاب‌آوری و ایمان به آخرت: یکی از راه‌های افزایش تاب‌آوری ایمان به آخرت است. ایمان به آخرت ما را به سمت اهداف بلندمدت هدایت می‌کند و از مشکلات کوتاه‌مدت می‌رهاند. قرآن به ما توصیه می‌کند که شناخت دقیق‌تری از آخرت داشته باشیم تا انگیزه‌مان برای تاب‌آوری افزایش یابد.
7. ایمان به ظهور منجی یعنی امام زمان (عجل الله تعالی فرجه الشریف): این موضوع به ما قوت قلب می‌دهد و کمک می‌کند در طول مسیر زندگی انرژی بگیریم و همواره امیدوار باشیم؛ که به نظر من یکی از مهم‌ترین عوامل است.

در پایان این بخش به شما توصیه می‌کنم قرآن کریم را بخوانید و با آن انس بگیرید.

بهترین آفریدهٔ خداوند

ارزش هرکس به اندازهٔ چیزی است که به دنبال آن می‌رود. خداوند بزرگ عالم، آفریده‌های گوناگون و فراوانی دارد. اما حال چه کسی است که بهترین آفریدهٔ خداوند لقب گرفته است؟

انسانی است که برای حکومتی که حق ایشان بود (ماجرای غدیر خم) ۲۵ سال صبر کرد. با بردباری و سعهٔ صدر، به جامعه کمک

کرد. از لحاظ فرهنگی و تربیتی جامعه را پرورش داد و هنگامی که به حکومت رسید، خزانه را از انحصار اشراف درآورد و به‌طور مساوی بین مردم تقسیم کرد. در حکومت ایشان، مردم بدون توجه به تعصبات قومی و قبیله‌ای، بهرۀ یکسانی از مزایا، خدمات و امکانات می‌بردند.

یکی دیگر از نمونه‌های بارز عدالت و عدم تبعیض ایشان این است که هنگامی که برادر ایشان درخواست سهم بیشتری از خزانۀ حکومت کرد، ایشان مخالفت کرد. ایشان در پهلوانی نیز بی‌نظیر بود؛ حتی در جنگ هم همواره به حقوق انسانی احترام می‌گذاشت و از قدرت و مهارت رزمی خارق‌العاده‌ای بهره‌مند بود. ایشان با دشمنان خویش با اخلاق و انصاف رفتار می‌کرد؛ حتی در شرایط سخت جنگی. نقل است که در جنگ صفین، زمانی که معاویه و سپاهش از رود فرات استفاده می‌کردند، دسترسی سپاه این فرد بزرگ به آب را قطع کردند. اما این انسان بزرگ با شجاعت و دلاوری، رود فرات را پس گرفت و لشکریان معاویه ترسیدند که اگر به آن‌ها آب ندهند، قطعاً شکست می‌خورند. اما ایشان اجازۀ دسترسی به آب را به آن‌ها دادند، چون حتی با دشمنشان هم با عدالت رفتار می‌کردند که نشان‌دهندۀ وفاداری و اخلاق پهلوانی ایشان حتی در شرایط سخت جنگی است.

در زمان حکومت ایشان، دشمنان با استفاده از تبلیغات و توطئه‌های مختلف سعی در تضعیف حکومت ایشان داشتند، اما ایشان با صبر و بردباری به مقابله با این توطئه‌ها پرداخت و با دشمنان با عدالت و انصاف رفتار می‌کرد. ایشان همیشه اعتقاد داشت که نباید از روش‌های نادرست برای رسیدن به اهداف خود استفاده کرد. در

دورۀ قبل از حکومت، ایشان شبانه و به‌طور ناشناس به خانواده‌های بی‌سرپرست کمک می‌کرد که نشان از مهربانی ایشان دارد. ایشان همواره در عین شجاعت و دلاوری، بسیار متواضع بود.

از زندگی این انسان بزرگ چندین ویژگیِ افراد تاب‌آور را استخراج کردم که به شرح زیر هستند:

- خودآگاهی
- احساس ارزشمندی
- ارتباط اجتماعی
- آینده‌نگری
- خودکنترلی
- معنایابی
- صبر و بردباری
- سعۀ صدر
- استقامت و پایداری
- خوش‌بینی و اقدامات صحیح

این انسان بزرگ کسی نیست جز مولا امام علی(علیه السلام).

بسیاری از اندیشمندان و محققین جهانی دربارۀ امام علی (ع) نظرات برجسته‌ای دارند. در ادامه به برخی از این نظرات اشاره می‌کنم:

۱. جرج جرداق[1]، نویسنده و متفکر مسیحی، امام علی (ع) را شخصیتی توصیف کرده است که شعلۀ فروزانی در دل‌ها و حرارتی نیروبخش در جان‌ها می‌آفریند. او در کتاب خود، **صوت العدالـة الانسانیه** می‌نویسد: «ای دنیا! چه می‌شد اگر همۀ نیروهایت را در هم می‌فشردی

1 George Jordac, *The Voice of Human Justice* (Sautu›l `Adalati›l Insaniyah).

و دوباره شخصیتی مانند علی با آن عقل، قلب، زبان و شمشیر نمودار می‌کردی.»

۲. جبران خلیل جبران[1]، نویسنده و شاعر مشهور معتقد است که امام علی (ع) نخستین عربی بود که با روح کلی جهان ارتباط برقرار کرد و نغمۀ روح کلی جهان را در گوش مردم طنین‌انداز کرد.

۳. ویلفرد مادلونگ[2]، متخصص مطالعات اهل بیت (ع)، امام علی (ع) را به‌عنوان یک شخصیت محوری در تاریخ اولیۀ اسلام به‌ویژه در توسعۀ تشیع به رسمیت می‌شناسد.

۴. ویل دورانت[3]، تاریخدان مشهور آمریکایی، امام علی (ع) را نمونۀ کامل تواضع، تقوا، نشاط و اخلاص می‌داند و او را مهربان، نیکوخصال، اندیشمند، محتاط و درست‌پیمان توصیف می‌کند.

۵. میخاییل نعیمه[4]، دانشمند مسیحی عرب معتقد است که هیچ مورخ و نویسنده‌ای نمی‌تواند شمایل دقیقی از انسان بزرگی مانند امام علی (ع) ترسیم کند و زندگی پرماجرای او را توضیح دهد.

۶. ادوارد گیبون[5]، تاریخ‌نگار انگلیسی، امام علی (ع) را شخصیتی یگانه می‌داند که هم شاعر است و هم مؤمن، هم شریف است و هم قدیس. او می‌گوید: «حکمت‌های

---

1 Gibran Khalil Gibran (1959). *The Voice of Humanity's Justice*. Gibran's Collection of Essays. Beirut: Dar al-Mashreq.
2 Wilferd Ferdinand Madelung. *The Succession to Muhammad: A Study of the Early Caliphate* (Cambridge: Cambridge University Press, 1997), 145.
3 Will Durant. *The Story of Civilization: Volume 4 - The Age of Faith* (New York: Simon & Schuster, 1950), 462.
4 Mikhail Naimy. *The Book of Mirdad* (New York: Harper & Row, 1964), 112.
5 Edward Gibbon. *The History of the Decline and Fall of the Roman Empire* (London: Strahan & Cadell, 1776-1788), Volume 6, 354.

او مانند نسیمی است که انسان آن را تنفس می‌کند.»

۷. ویلیام مویر[1]، شرق‌شناس اسکاتلندی، امام علی (ع) را فردی تأثیرگذار توصیف می‌کند. او می‌گوید: «امام علی (ع) از زمان کودکی با جان و دل به دفاع از پیامبر (ص) و رسالت او پرداخت.»

۸. هنری استاب[2]، پزشک و تاریخ‌نگار آمریکایی، امام علی (ع) را فردی باهوش، عادل، فروتن و خردمند می‌داند که دنیای مادی و عظمت دروغین آن را به چالش کشید.

۹. سرهنگ رابرت دوری آزبورن[3]، نویسندهٔ آمریکایی، معتقد است که اسلام حقیقی و آنچه پیامبر (ص) مردم را بدان فراخواند، به دست امام علی (ع) حفظ شد.

۱۰. توماس کارلایل[4]، فیلسوف بزرگ انگلیسی، امام علی (ع) را جوانمردی عالی‌قدر و بزرگ‌نفس می‌داند که از سرچشمهٔ وجدانش خیر و نیکی می‌جوشد.

برای اقدام این بخش، کسانی که می‌خواهند بیشتر با این انسان بزرگوار آشنا شوند، کتاب نهج‌البلاغه را مطالعه کنند.

رهبریِ تحول‌آفرین؛ درس‌هایی از باربد

امام جعفر صادق (ع)[5]: سرمایه و کل درآمد انسان درحقیقت

1 William Muir. *The Life of Muhammad* (London: Smith, Elder & Co., 1861), 112.

2 Henry Stapp. *Philosophy and the Challenge of Materialism* (New York: Harper & Brothers, 1920), 76.

3 Robert Osborne. *The Legacy of Islam: The Prophet Muhammad and His Successors* (Chicago: University of Chicago Press, 1973), 138.

4 Thomas Carlyle. *Heroes and Hero Worship* (London: Chapman and Hall, 1841), 114.

۵ امام ششم شیعیان دوازده‌امامی که به خصلت‌هایی همچون داشتن علم و دانش بسیار و برآورده کردن حاجات نیازمندان شهرت داشتند.

همان میانه‌روی صحیح و تدبیر در امر معیشتی اوست.[1] در سرزمین اندیشه، جایی که فکر بال و پر می‌گیرد، رهبرانی هستند که چون معماران زمان، با قلمرویی از امکان، تحول را به‌عنوان هنری دیرین در دفتر حیات می‌نگارند. رهبران در جهان معاصر باید قادر به ایجاد تحول و نوآوری باشند. رهبر تحول‌آفرین به مهارت‌ها و رویکردهای خاصی نیاز دارد که در ادامه به آن‌ها اشاره می‌کنیم.

۱. ارائهٔ چشم‌نداز واضح و جذاب.
۲. توانایی درک و پذیرش تغییر.
۳. تشویق به نوآوری و خلاقیت.
۴. مهارت‌های ارتباطی قوی.
۵. توسعه و پرورش استعدادها.
۶. تصمیم‌گیری مبتنی‌بر داده‌های دقیق.
۷. انعطاف‌پذیری و تاب‌آوری.
۸. مسئولیت‌پذیری اجتماعی.
۹. استراتژی‌های نوین:
   - الف: تفکر طراحی: به‌کارگیری رویکرد تفکر طراحی برای حل مسائل پیچیده و ایجاد راه‌حل‌های خلاقانه.
   - ب: یادگیری ماشین[2]: استفاده از داده‌های بزرگ و الگوریتم‌های یادگیری ماشین برای پیش‌بینی روندها و بهبود تصمیم‌گیری‌ها.

---

۱ **اَمالی طوسی**، جلد ۲، صفحهٔ ۲۸۳.

2 Machine Learning

۱۰. فرهنگ سازمانی:

الف: تقویت فرهنگ بازخورد: ایجاد یک فرهنگ سازمانی که در آن بازخورد صادقانه و سازنده، ارزشمند باشد و مورد تشویق قرار بگیرد.

ب: ترویج تنوع و گنجاندن: حمایت از فناوری‌های فکری و فرهنگی و ساختن محیطی که همهٔ افراد نسبت به آن احساس تعلق داشته باشند.

۱۱. تکنولوژی و نوآوری:

الف: بلاک‌چین: بررسی و به‌کارگیری فناوری بلاک‌چین برای افزایش شفافیت و کارایی فرایندهای سازمان.

ب: هوش مصنوعی[1]: استفاده از هوش مصنوعی برای تحلیل و اتوماسیون فرایندها و ارائهٔ خدمات بهتر به مشتریان.

در دنیای بلاک‌چین موارد خاص و بکر زیادی برای درآمدزایی وجود دارد. مراجعانی داشتم، همچون آقای شهابی عزیز که با مشاورهٔ مالی تیم ما در کمتر از یک سال، سود ۷۰۰ درصدی را در تکنولوژی بلاک‌چین تجربه کردند. یا مراجع دیگری، آقای شیرازی عزیز توانستند با استفاده از مشاورهٔ مالی تیم ما از تکنولوژی بلاک‌چین سود ۱۰۰۱ درصدی را در دو سال تجربه کنند و ده‌ها نمونهٔ دیگر.

اگر شما هم می‌خواهید در کتاب بعدی‌ام از سود شما بگوییم، با ما

1 Artificial Intelligence

در واتساپ یا ایمیل ارتباط برقرار کنید.

۱۲. توسعهٔ فردی و تیمی:

الف: برنامه‌ریزی مسیر شغلی: ارائهٔ فرصت‌های رشد و توسعهٔ فردی به کارکنان از طریق برنامه‌ریزی مسیر شغلی و آموزش‌های مداوم.

ب: تیم‌سازی‌های مبتنی‌بر مأموریت: سازمان‌دهی تیم‌ها بر اساس اهداف مشترک و مأموریت‌ها برای افزایش همکاری و کارایی.

۱۳. تصمیم‌گیری و رهبری:

الف: تصمیم‌گیری دموکراتیک: ترویج مشارکت کارکنان در تصمیم‌گیری‌ها برای افزایش احساس مالکیت و تعهد.

ب: رهبری خدمت‌گزار: پیاده‌سازی سبک رهبری خدمت‌گزار که در آن رهبران به نیازهای کارکنان خود اهمیت می‌دهند و آنان را در اولویت قرار می‌دهند.

۱۴. دیپلماسی: عمل کردن مانند یک دیپلمات ماهر در گفت‌وگو.

۱۵. داده‌های فکری: دریای داده‌ها را با چشمانی تیزبین بکاوید و فرصت‌ها را دریابید.

در پایان این بخش توصیه می‌کنم که برای بلاک‌چین و هوش

مصنوعـی اهمیـت ویـژه‌ای قائـل شـوید.

«کوچینـگ معجـزه نیسـت، بلکـه کوچینـگ بـا باربـد معجـزه اسـت! هـر سـرمایه‌گذاری‌ای اصولـی و پربـازده نیسـت، بلکـه سـرمایه‌گذاری بـا باربـد اصولـی و پربـازده اسـت!»

ایـن فصـل را بـه سـاحت مقـدس آقـا امـام رضـا[1] (ع) و حضـرت معصومـه[2] (س) تقدیـم می‌کنـم.

در آخـر یادتـان باشـد کـه خداونـد بـزرگ بسـیار مهربـان اسـت و تک‌تـک انسـان‌ها را بسـیار دوسـت دارد.

خداوندا، در این کار ما را عافیت ده و آن را کامل‌تر کن.[3]

۱ امام رضا (ع)، امام هشتم شیعیان، با دانش عمیق، پارسایی و حکمت خود شناخته می‌شوند.

۲ حضرت معصومه (س)، خواهر امام رضا (ع)، به‌عنوان شخصیتی برجسته در تاریخ اسلامی مورد تکریم قرارمی‌گیرد.

۳ اللهم سلّم و تمّم.

۷۸۶
فراتر از ایده‌آل؛ سفری در قلب کوچینگ با باربد

دربارهٔ نویسنده

باربد رییسی، کوچ بین‌المللی و حرفه‌ای، با دانشی ژرف و تجربه‌ای گسترده، در زمینه‌های متعددی از کسب‌وکار گرفته تا سرمایه‌گذاری، نقشی کلیدی ایفا می‌کند. او با هنرمندی خاص خود، مدیران و صاحبان کسب‌وکار را در مسیری قرار می‌دهد که در آن، تعادل میان زندگی شخصی و حرفه‌ای نه‌تنها یک آرزو، بلکه یک واقعیت ملموس است.

باربد با استفاده از رویکردهای نوآورانه و استراتژی‌های خلاقانه، به صاحبان کسب‌وکارها کمک می‌کند تا با کمترین فعالیت، بیشترین درآمد را کسب کنند و درعین‌حال، مهارت‌های نرم[1] را در تیم‌های

---

1 Soft skills

خود به بهترین شکل ممکن پرورش دهند. او مسیری را روشن می‌کند که در آن چالش‌ها و مسائل کسب‌وکار به فرصت‌هایی برای رشد و پیشرفت تبدیل می‌شوند و تیم‌ها را به سمت دستیابی به اهدافی فراتر از ایده‌آل هدایت می‌کند. همهٔ این فرایندها در کوتاه‌ترین زمان ممکن رخ می‌دهند. در دیار حرفه‌ای‌ها، نام باربد رییسی همچون ستاره‌ای می‌درخشد.

باربد با بیش از ۱۲۰۰ ساعت سفر در مسیر کوچینگ، در عرصه‌های رهبری، توسعهٔ کسب‌وکار و رشد مالی، چونان کاپیتانی توانا، کشتی‌های بسیاری را به ساحل موفقیت رسانده است. او ۶۰۰ ساعت در محراب دانش به تدریس پرداخته و ۳۰۰ ساعت در مسیر منتورینگ[1]، چراغ راه سرمایه‌گذاران مالی و کارآفرینان بوده است.

برگ‌های زرین و متمایزکنندهٔ کارنامهٔ باربد:

۱. **جوانی و تجربه**: او جوانی را با تجربه درآمیخته و شور و اشتیاق را با خردمندی همراه ساخته است.

۲. افتخارات جهانی:

- نامش در صفحات گینس جاودانه شده است،

- چهار بار به‌عنوان نویسندهٔ پرفروش آمازون شناخته شده است،

- و در ۲۳ کشور و سه قاره، شاگردانی پرورش داده است.

۳. **آموزش‌های برجسته**: در آکادمی کوچینگ ستارهٔ شمال به‌عنوان یکی از ستارگان درخشان، به تعالی رسیده است.

---

1 Mentoring

۴. استادی مراقبه[1]: در سرزمین‌های نپال و هندوستان، رازهای مراقبه را آموخته و اکنون این گنجینه‌ها را در خدمت رشد و شکوفایی مراجعانش قرار داده است.

۵. همکاری با اساتید بزرگ: با بزرگانی چون برایان تریسی[2] و مارشا رینولدز[3] همکاری کرده است تا به اوج حرفه‌ای‌گری برسد.

۶. رضایت مراجعان:

- سال ۲۰۲۱، ۹۷٪.

- سال ۲۰۲۲، ۹۸٪.

- و سال ۲۰۲۳ و شش‌ماهۀ اول سال ۲۰۲۴، ۱۰۰٪ رضایت مراجعانش را به دست آورده است که گواهی بر اثربخشی و تأثیر عمیق باربد بر زندگی مراجعان و شاگردانش است.

سوابق درخشان باربد:

- جوان‌ترین کارگردان تئاتر و مدرس المپیاد ادبی در ایران.

- جوان‌ترین کوچ حرفه‌ای با این سابقۀ درخشان در جهان.

- میانگین سود مالی مراجعان باربد بین ۸۰۰ تا ۹۰۰ درصد و میانگین بازگشت مالی مراجعانش بین ۶۰۰ تا ۷۰۰ درصد بوده است.

باربد معتقد است که تمامی افتخاراتش از فضل خداوند، برکت و مدد اهل بیت (ع) است.

اگر به دنبال دستیابی به اهدافی فراتر از ایده‌آل ذهنی خود در

---

1 Meditation
2 Brian Tracy
3 Marcia Reynolds

کمترین زمان ممکن هستید، با باربد تماس بگیرید.

راه‌های ارتباط با نویسنده:

✉ barbad.raeisi121@gmail.com
📞 00989353565389
 00989333585389
 00989333585389
 @Barbad_raeisi

از سرگشتگی فقدان تا حرکت به سمت نور

سمیرا صابری

از سرگشتگی فقدان تا حرکت به سمت نور
سمیرا صابری
مدرس توسعهٔ فردی، کوچ و منتور کسب‌وکار

بی‌حسی در مه
انگار همین دیروز بود که لبریز از ناامیدی داشتم در یکی از خیابان‌های جنوب کالیفرنیا قدم می‌زدم. صبحگاهی سرد در دسامبر ۲۰۱۸ و نسیمی که آرام به صورتم می‌خورد. حتی قهوهٔ گرم میان دست‌هایم نمی‌توانست ذره‌ای از سرمای وجودم کم کند و جرقه‌ای کوچک از فکر مثبت را در ذهنم روشن سازد. پنج ماه قبل‌تر در آگوست، پس از سال‌ها صبر و سنجیدن تمام جوانب، مردی را به‌عنوان همسر انتخاب کردم که دقیقاً همان چیزی بود که من می‌خواستم؛ با تمام ویژگی‌هایی که همیشه در ذهن داشتم. آغازی دلنشین و رؤیایی. درست چهار ماه بعد از ازدواج، فهمیدم که قرار است مادر شوم و خداوند موجودی نازنین را در وجودم قرار داده است. تمام خوشی‌ها و هیجان‌های دنیا در دلم بود. سال‌ها صبر کرده بودم و آرزوهایم یکی‌یکی داشتند عملی می‌شدند. آشنایی با مردی که عاشقانه دوستش داشتم، جشنی با حضور تمام عزیزانم از نقاط مختلف دنیا و اکنون سلول‌های کوچکی که داشتند تکثیر می‌شدند تا به دوست‌داشتنی‌ترین موجود روی زمین بدل شوند. شروع به برنامه‌ریزی کردم که چطور این خبر را به شوهرم و اطرافیانمان بدهم. برای همسرم جعبه‌ای با پستانک و شکلات و کارت تبریک گرفتم و برای مادرم و مادر همسرم جعبهٔ شیرینی با

پاپیون پستانک خریدم. خلاصه تمام هیجان‌های خوب و شیرین دنیا را تجربه می‌کردم. نیمه‌شب‌ها از خواب می‌پریدم و لبخند می‌زدم و به چیزی می‌اندیشیدم که فقط یک جواب مثبت آزمایش بود. ساعت‌ها با موجودی که در وجودم شکل می‌گرفت حرف می‌زدم. نمی‌دانم، شاید درست است که می‌گویند هیجان و لذت یک سری چیزها از یک سنی به بعد بیشتر می‌شود. من هم این لذت خوشبختی را با قلب و روحم درک می‌کردم.

صبح‌ها شکمم را نوازش می‌کردم و شب‌ها به عشق او می‌خوابیدم. حس بسیار زیبایی بود؛ مثل یک رؤیا بود. رؤیایی که متأسفانه خیلی زود به کابوس تبدیل شد. دکتر صدای قلب کوچک او را نشنید! گفت: «هنوز زود است! نگران نباشید، چند روز دیگر دوباره بیایید.» با اینکه ته دلم خالی شده بود، اما به خودم دلداری می‌دادم که هنوز زود است. بعد از سه چهار روز دوباره به دیدن دکتر رفتیم. سونوگرافی را شروع کرد. به‌محض اینکه نگرانی را در چشم‌های دکتر دیدم بند دلم پاره شد. انگار می‌خواستم زمان متوقف شود و هیچ کلامی نشنوم. تمام وجودم سرشار از ترس بود. جو بسیار سنگینی بود. سکوت عجیبی اتاق را فراگرفت. می‌دانستم خبر خوبی در راه نیست. قلب کودک من تشکیل نشده بود. دکتر گفت: «متأسفم، قلب تشکیل نشده است و امیدی نیست. قرصی برای شما می‌نویسم که با مصرف آن، جنینِ شکل‌نگرفته در طی چند روز آینده از بدن شما خارج شود!»

دستورالعمل‌هایی که دکتر می‌داد را نمی‌شنیدم. احساس می‌کردم صدای تپش قلبم اتاق را فراگرفته؛ دستانم یخ کرده بودند و از

پشت پردۀ اشکی که از چشمانم روان بود، به‌سختی صورت همسرم را می‌دیدم. فقط می‌خواستم از آن اتاق و ساختمان خارج شوم. اکسیژن آنجا برای من کم بود. نمی‌دانم چطور، اما چند دقیقه بعد در ماشین سرد و ساکت به طرف خانه حرکت کردیم.

کابوسی از رؤیا

انگار تمام شیرینی دنیا برای من تلخ شده بود. همه چیز برای من غم‌انگیز بود. تمام تصاویر قشنگ ذهنم رو به ویرانی بودند. دادن این خبر به هرکدام از عزیزانم انگار خنجری بود که در قلبم فرومی‌رفت. روحم خالی از احساس و محبت شده بود. احساس پوچی می‌کردم. در روحم برای این کوچولویی که فقط شش هفته پیش من بود، مال من بود، عزاداری می‌کردم. سخت‌تر از پذیرفتن خبر، روایت آن برای عزیزانم بود. هر بار، انگار دوباره اتفاق مرور می‌شد. هروقت می‌خواستم فراموش کنم، چیزی دوباره این درد را یادم می‌انداخت. برای دیگران ساده بود و دلداری‌های آن‌ها تحمل درد را دشوارتر می‌کرد. با هر بار تعریف ماجرا، انگار دوباره همان غم را حس می‌کردم. احساس تنهایی می‌کردم؛ حتی همسرم هم عمق درد و رنجم را حس نمی‌کرد. فکر می‌کردم باید مرا تسکین دهد، سرم را روی شانه‌هایش بگذارد و با من گریه کند. اما او به‌جای همدردی حواس من را پرت می‌کرد. هر لحظه کنارم بود؛ ولی سکوتش حرف اول و آخر تمام احساساتی بود که من نیاز داشتم از او بشنوم. او هم غمگین بود. او هم نیاز داشت این اتفاق‌ها را برای خودش و به مدل خودش پردازش کند.

البته مدت‌ها بعد فهمیدم که به‌واقع هرآنچه در توان داشته را به

کار برده که حال من را بهتر کند، فقط زبان بیان و تسکین درد ما با هم متفاوت بود. از این حالم خسته بودم، آن‌قدر با خود همیشگی‌ام فاصله داشتم که برای خودم هم غریبه بودم، چه برسد به دیگران!

آن روز سرد دسامبر که قدم می‌زدم ناگهان بغض درونم ترکید؛ راه رفتم و گریه کردم. دوست داشتم فریاد بزنم و بپرسم که چرا این اتفاق برای من افتاده است؟ چرا من؟ چرا الآن؟ چرا...؟ اطرافم را نمی‌دیدم. ماشین‌ها از اطرف من رد می‌شدند. گاهی رهگذرها با تعجب به من چشم می‌دوختند. بی هیچ حسی با خلأ بزرگی در قلبم گریه می‌کردم. انگار می‌خواستم این خرده‌های شکسته در درونم را بیرون بریزم. درونم هم مانند قهوه‌ای که در دست داشتم سرد شده بود. سرد و تیره!

در آغوش گرفتن سایه

از این حال خسته شده بودم. می‌دانستم شبیه آدم‌هایی هستم که بر اثر تصادف دست و پای آن‌ها شکسته است. درنهایت، اگرچه دردناک بود، اما باید روی این دست و پای شکسته بلند می‌شدم و آرام‌آرام حرکت می‌کردم تا بتوانم دوباره راه بروم. در نقطهٔ صفر بودم و باید زودتر بلند می‌شدم. باید به جلو حرکت می‌کردم. باید تمام آن روزهای سخت را پشت سر رها می‌کردم و دوباره در مسیر زندگی قرار می‌گرفتم. باید دوباره قوی می‌شدم. باید به‌خاطر خودم و همسرم، این یأس و ناامیدی را هرچه سریع‌تر از صفحهٔ وجودم پاک می‌کردم.

شروع به مطالعهٔ کتاب‌های خودشناسی کردم و در این مسیر با کوچ[1] بی‌نظیری آشنا شدم. هر روز از خواندن و دیدن مطالب او، کلی انرژی می‌گرفتم. راه مواجهه با ترس‌ها و نگرانی‌های درونم را از او

1 Coach

آموختـم و اینکـه چطـور بـا نگاهـی دیگـر بـه مسـائل و مشـکلات نـگاه کنـم. تصمیـم گرفتـم بـه کار و شـغل خـودم برگـردم.

انگیـزۀ مـن بـرای کار کمـک بـه دیگـران بـود و اینکـه روی زندگـی دیگـران تأثیـر بگـذارم. سـال‌ها در بانـک بـا صاحبـان مشـاغل کار کـرده بـودم و بـه آن‌هـا درزمینـۀ تصمیم‌هـای مالـی درسـت بـرای شـغل و شرکتشـان کمـک کـرده بـودم تـا بـه شغلشـان رونـق دهنـد و بـا برنامه‌ریـزی صحیـح مالـی قـدم بـه قـدم رشـد کننـد. بـا برگشـت دوبـاره بـه زمینـۀ کاری خـود، دوبـاره احسـاس خـوب زندگـی در مـن زنـده شـد. باعـث شـد تـا روزهـا را بـا انـرژی بیشـتری آغـاز کنـم و ذهنـم و افـکارم را از بیراهـه نجـات دهـم. اینکـه می‌توانسـتم لبخنـدی را بـر لـب دیگـران بیـاورم و در موفقیـت آن‌هـا در زندگـی و شغلشـان نقشـی ایفـا کنـم، حـس رضایتـی غیـر قابـل توصیـف را در مـن ایجـاد می‌کـرد.

چشیدن شیرین‌ترین طعم عشق

پذیرفتـن نیمـی از درمـان اسـت. پذیرفتـم عـادی اسـت کـه غمگیـن باشـم. امـا بایـد آرام‌آرام تغییـر کنـم. بایـد یـأس را کنـار بگـذارم. سـعی کـردم این خاطـرۀ تلـخ را بـه صـورت دیگـری تصـور کنـم. تصـور کنـم شـانس این را داشـتم کـه شـش هفتـه شـادی مهمـان قلبـم باشـد و اکنـون وقـت آن رسـیده کـه دوبـاره از نـو زندگـی خـود را از سـر بگیـرم. بـا تلاش‌هایـی کـه بـرای رشـد شـخصی خـود کـردم، توانسـتم شـیرینی رابطـۀ مشـترک خـود را دوبـاره زنـده کنـم و تمرکـزم را روی نقـاط مثبـت زندگـی، همسـر و کارم بگـذارم. تصمیـم گرفتـم بـه همسـرم کمـک کنـم تـا شـغل خـودش را توسـعه دهـد و بـه خـودم فرصـت دهـم کـه دوبـاره زندگـی کنـم. پـس از گذشـت چنـد مـاه و در اوج احسـاس خـوب، خداونـد قشنگ‌تریـن و

زیباترین فرشته را به خانوادهٔ دونفرهٔ ما هدیه کرد. طعم مادری را چشیدم و پسر نازنینم به دنیا آمد. هنوز هم با گذشت چهار سال، خاطرات زیبای روز تولدش قلبم را گرم می‌کند و اشک شوق و عشق از دیدگانم روانه می‌شود. این شعر زیبای حافظ شرح کاملی از حال و روز من از صبح تولد پسرم است:

چه مبارک‌سحری بود و چه فرخنده‌شبی

آن شب قدر که این تازه براتم دادند

امروز می‌دانم که گذشتن از پستی‌وبلندی‌های مسیر باعث شد تا از لحظه‌لحظهٔ تولد فرزندم لذت ببرم و لحظات زیبای رشد او را مزه‌مزه کنم و تا آن روز که زنده هستم نفسم به نفس پسرم بند خواهد بود.

من بهتر

با تمام این تغییرات مثبت، باز هم در دو سال اول زندگی پسر کوچکم، چالش‌های متفاوتی را تجربه کردم. تولد فرزندم هم‌زمان با شیوع ویروس کرونا بود که خودش چالش‌های زیادی را به همراه داشت. به شکل غیرحضوری، کار خودم را آغاز کردم. کار کردن در منزل با نوزادی تازه متولدشده سخت بود. اما من و همسرم با هم تلاش کردیم و از این دوران سخت گذشتیم و پشت به پشت هم پیش رفتیم. فقط این منِ تازه و سمیرای جدید می‌توانست آن دوران را به‌خوبی سپری کند.

موفق شدم به همسرم هم بیاموزم که چطور به‌صورت متفاوتی به دوران قرنطینه نگاه کند. با هم یاد گرفتیم هم‌بازی پسر کوچک‌مان باشیم و در دنیای زیبا و خالص کودکانه‌اش با او بچگی کنیم و بگذاریم

دنیا را با تمام زیبایی‌هایی که دارد و متناسب با سن دوساله‌اش تجربه کند. موفق شدم کار خودم و کسب‌وکار همسرم را هم‌زمان با هم جلو ببرم. با نوآوری و پشتکار از چالش‌ها مسیری به سمت موفقیت ساختیم و خاطرات زیبایی را برای خودمان خلق کردیم. به هر دوی ما ثابت شده بود که قبول شکست از خود شکست بدتر است. اگر راهی بسته بود مسیری دیگر را امتحان می‌کردیم.

بعد از گذر از این دوره، احساس کردم مطالبی که آموختم تأثیری بی‌نظیر بر رشد فردی من داشته است و تصمیم گرفتم مهارت کوچینگ را بر پایهٔ علم روان‌شناسی مثبت بیاموزم. احساس کردم این تغییر مثبت را می‌توانم در زندگی انسان‌های اطرافم نیز ایجاد کنم و با استفاده از تجربهٔ چندین‌سالهٔ خودم در دنیای کسب‌وکار و تجربهٔ زیسته‌ام آغاز به کار کردم. شاهد بودم که مراجعینم به مقصد و هدف ایده‌آل خودشان می‌رسند.

بنای استقامت

تغییرات و پستی‌وبلندی زندگی من باعث شد تا دریچهٔ زیبایی در زندگی‌ام باز شود. فهمیدم که دوست دارم روان‌شناسی مثبت را بیاموزم. یاد گرفتم متفاوت نگاه کنم و دوره‌های کوچینگ را گذراندم. توانستم مهارت‌های جدید را با علم هم‌راستا کنم، بتوانم با مراجع‌های خودم آگاهانه برخورد کنم و رسالتم را کامل سازم. آماده شدم تا چالش‌های کسب‌وکار آن‌ها را شناسایی کنم و به آن‌ها کمک کنم تا شخصیت خودشان را رشد دهند و تیم بهتری انتخاب کنند، اهداف خود را مشخص سازند و نقشهٔ راه صعود به قلهٔ موفقیت را مطابق با دید و نظرشان ترسیم کنند.

باید به خاطر بسپاریم که محور اصلی و شاهرگ دنیا تغییر است. این تغییرات گاهی باب میل ما و گاهی خلاف میل ما هستند. چه خوب است که در مقابل تغییرات منعطف باشیم و به‌جای سرخوردگی، مسیر دیگری را انتخاب کنیم و از راه دیگری به دنبال هدفمان برویم. اگر دری بسته شود، بی‌شک در دیگری گشوده خواهد شد و شاید این راه جدید دقیقاً همان راهی باشد که همیشه آرزوی آن را داشتیم. تغییرات و سختی‌ها همیشه برای من یادآور الماس هستند. اتم‌های کربن در اعماق زمین و در دمای بالا و تحت فشار قرار می‌گیرند و طی میلیون‌ها سال این فرایند باعث بلورسازی در درون آن‌ها می‌شود و بعد بر اثر فوران آتشفشان روی سطح زمین می‌آیند. همان اتم‌های کربن به‌خاطر تحمل فشار، گرما و حرارت زیاد اعماق زمین به الماسی زیبا و ارزشمند تبدیل می‌شوند؛ یعنی به بهترین و زیباترین شکل خودشان. اگر ما هم با تغییرات به‌درستی برخورد کنیم و محکم و با استقامت جلو برویم، بی‌شک به بهترین نسخهٔ خودمان مبدل خواهیم شد.

از سرگشتگی فقدان تا حرکت به سمت نور

دربارۀ نویسنده

سمیرا صابری آموزش‌های کوچینگ را بر پایۀ اصول علم روان‌شناسی مثبت، رقص در لحظه، قضاوت نکردن و شنیدن درست دیگران فراگرفت. او مدرک کوچینگ حرفه‌ای، مدرس شکوفایی (بر پایۀ علم روان‌شناسی مثبت) و بیزینس‌کوچینگ و برندینگ را دارد که مورد تأیید فدراسیون بین‌المللی کوچینک[1] (ICF) است. سمیرا در سال‌های اخیر درزمینۀ رشد و توسعۀ فردی، بهبود و رشد عملکرد در کسب‌وکار و تعیین اهداف شغلی مهارت کسب کرده و فعالیت می‌کند.

سمیرا متولد و بزرگ‌شدۀ تهران است. او همراه با خانواده در سال ۲۰۰۰ میلادی به آمریکا مهاجرت کرد و اکنون ساکن لس‌آنجلس

---

1 International Coaching Federation

است. سمیرا پس از گرفتن مدرک لیسانس وارد بازار کار شد و مدیر دفتر چند شرکت، مطب پزشکی و دندان‌پزشکی بود. سپس وارد حیطهٔ بانکداری و امور مالی شد و در دو بانک بزرگ و معتبر آمریکا مشغول به کار شد. او در این سال‌ها به افراد زیادی در زمینه‌های مختلفی مانند حساب‌های بانکی، انواع وام، کارت‌های بانکی، تنظیم امور پرداخت حقوق به کارمندان و ... مشاوره داده و به‌صورت کلی در بخش مالی مشاوره‌های ارزشمندی را ارائه کرده است.

سمیرا به همراه همسر و پسرش زندگی می‌کند و بعد از عشق به خانواده، دوست دارد از صمیم قلب به دیگران کمک کند. از موسیقی و طبیعت‌گردی لذت می‌برد و آشپزی، نوشتن، نقاشی و مطالعه را بهترین مدیتیشن می‌داند. او در وقت آزادش ورزش می‌کند و با دوستان وقت می‌گذراند و اعتقاد دارد که باید از تمام لحظات زندگی لذت برد. سمیرا سعی دارد این شادی را به دیگران نیز انتقال دهد.

راه‌های ارتباط با نویسنده:

Novator.coaching
samira@novatorcoaching.com
www.novatorcoaching.com
Samira Saberi, High-Performance Business Coach

دورِ دور، نزدیکِ نزدیک

داستانی از مهاجرت و تحول فردی

امین مینایی‌فر

دورِ دور، نزدیکِ نزدیک
داستانی از مهاجرت و تحول فردی

امین مینایی‌فر
کوچ کسب‌وکار و رشد و توسعهٔ فردی

تصمیم سخت و سرنوشت‌ساز

تصمیم برای مهاجرت، مرا به‌عنوان رهبر و سکان‌دار خانواده با مسئولیتی سنگین روبه‌رو می‌کرد. سر چندراهی قرار گرفته بودم و یکی از آن راه‌ها مهاجرت بود. آموخته بودم که تصمیم‌هایی که امروز می‌گیریم، خواسته یا ناخواسته، به‌طور مستقیم و غیرمستقیم، در زندگی افراد زیادی نقش خواهد داشت. به‌عنوان یک پدر و رهبر خانواده، تصمیمی که می‌گرفتم آیندهٔ فرزندانم، نوه‌هایم و نسل‌های بعدی را تحت تأثیر قرار می‌داد. برای تصمیم‌گیری زمان زیادی نداشتم. باید هرچه زودتر تصمیم می‌گرفتم تا در برابر چالشی که در آن لحظه با آن روبه‌رو بودم، یک راه را انتخاب کنم و به مقصد برسم. پس از پشت سر گذاشتن تمام این افکار و فشارها، تصمیم گرفتم سخت‌ترین، مهم‌ترین و پرچالش‌ترین تصمیم را بگیرم، با این چشم‌انداز که در آینده و در درازمدت بهترین تصمیم خواهد بود و آن تصمیم چیزی نبود جز مهاجرت.

مهاجرت واژه‌ای نام‌آشناست که این روزها خیلی می‌شنویم و ظاهراً برای بسیاری از افراد شناخته‌شده است، اما در دل درک واقعی این واژه، همین یک لغتِ «مهاجرت»، دنیایی از چالش‌ها و تجربیات نهفته است. مجبور بودم ظرف ۶ ماه خودم و خانواده‌ام را برای این تصمیم

و اقدام آماده کنم. برای من، مهاجرت سفری به سوی دو هدف شفاف و بلندمدت بود: بالاتر بردن کیفیت زندگی و رفاه خانواده، و توسعهٔ کسب‌وکارم در سطح بین‌المللی. روزی که تصمیم گرفتم مهاجرت کنم پر از امید و رؤیا بودم. پیش از مهاجرت سفرهای بسیاری رفته بودم. خاطرم هست پیش‌ترها به همسرم می‌گفتم این سفر فرق دارد و در مهاجرت، که همهٔ زندگی وارونه می‌شود، باورهای ما هم به بوتهٔ آزمایش گذاشته خواهند شد. اینجا، در ونکوور، همه چیز از نو شروع شده بود؛ حتی نه از نقطهٔ صفر، بلکه زیر صفر. گویی از یک دنیای دیگر به اینجا پرتاب شده بودم؛ دورِ دور از خانه. فکر می‌کردم با دانش و تجربهٔ چهل‌ساله‌ام می‌توانم به‌سرعت جایگاهی در کشور جدید پیدا کنم، اما واقعیت چیز دیگری بود. هیچ‌کس مرا نمی‌شناخت و هیچ ارتباطی نداشتم.

از نقطهٔ امن تا شروع دوباره

این سؤالی بود که بارها خودم و دیگران از من می‌پرسیدند: «چرا باید در این لحظه این منطقهٔ امن را رها کنی؟» در ایران زندگی روبه‌راهی داشتم؛ با کسب‌وکارهایم ارزش زیادی خلق کرده بودم، تیم سی‌نفره‌ای را رهبری می‌کردم و آنچه را که می‌خواستم داشتم: ویلای شمال، ویلای کیش و خانه‌ای در منطقه‌ای خوب در تهران. روزگار خوبی داشتم: یک زندگی مرفه در کنار دوستان و آشنایانی که از جایگاه اجتماعی بالایی برخوردار بودند. همیشه در رویدادهای اجتماعی و مهم حضور داشتم و به‌نوعی یکی از چهره‌های شناخته‌شده بودم. آن‌قدر همه چیز خوب بود که ترک کردن آن نقطهٔ امن نه‌تنها دشوار بود، بلکه شاید تصمیمی غیرعقلانی به

نظر می‌آمد. یک کلاه‌برداری تلخ در زندگی‌ام اما نقطهٔ امن مرا متزلزل کرد. می‌توانستم خسارت ناشی از آن را با فروختن بخشی از اموالم جبران کنم. می‌توانستم دوباره به همان بازی برگردم. اما تصمیم دیگری گرفتم. همیشه به دیگران می‌گفتم ثروت واقعی ما انسان‌ها دانش، مهارت و تجربهٔ ماست، نه پول و دارایی‌های مادی و اکنون زمان عمل بود. عملاً تمام سرمایه و ثروت من برای مهاجرت همین بود: ۲۰ سال آموختن، ۲۰ سال آموزش دیدن و ۲۰ سال تجربهٔ زمین خوردن و بلند شدن. اما برای رشد و پیشرفت باید از منطقهٔ امنم خارج می‌شدم؛ پس تصمیم به مهاجرت گرفتم.

طبق برآوردهایم، پس‌اندازم می‌توانست هزینهٔ زندگی سه تا چهار ماه من و خانواده‌ام را تأمین کند. امیدوار بودم در این مدت سرپناهی پیدا کنم، مقدمات اولیهٔ اسکان و رفاه حداقلی را برای خانواده‌ام فراهم کنم و فرصتی بیابم تا بتوانم دوباره شروع کنم. از قهرمان‌ها شنیده بودم که از این شعار استفاده می‌کنند: «یا مرگ یا پیروزی». خودم هم خیلی جاها از این تکنیک استفاده کرده بودم و غالباً و عمدتاً پیروزی نصیبم می‌شد. پس با خودم عهد کردم بعد از این تصمیم، دست‌وپا بزنم اما از هدفم دست نکشم.

برای ادامه دادن کسب‌وکارم در این مسیر جدید، شروع کردم به برگزاری جلسات با آدم‌هایی که از قبل می‌شناختم. اما متأسفانه، همان‌طور که گفتم، مهاجرت اگرچه یک واژهٔ بسیار آشناست، اما چالش‌های پنهانی در دل خود دارد که از دور دیده نمی‌شوند. اینجا، در ونکوور، شهری که حتی کوچه و خیابانش را نمی‌شناختم، جایی که اگر یک کوچه بالاتر از خانهٔ خودم رها می‌شدم، راه را گم

می‌کردم، باید از پسش برمی‌آمدم. باید انجامش می‌دادم.

در همین برهه بود که دوستی به من توصیه کرد در اوبر[1] ثبت‌نام کنم. آن زمان برایم قابل پذیرش نبود که پس از این‌همه تلاش بخواهم در اوبر کار کنم. به جست‌وجو ادامه دادم. آن‌قدر که پس از مدتی به این نتیجه رسیدم که شاید در تلاش‌هایم چیزی را از قلم انداخته‌ام. دوست دیگری پس از دیدن رزومهٔ بلندبالای من، که آن را به سبک پرطمطراق ایرانی نوشته بودم، به من پیشنهاد کرد که این کار را به سبک کانادایی‌ها انجام بدهم. این توصیه را جدی گرفتم.

حالا باید هر شب برای صدها شرکت رزومه می‌فرستادم تا کاری پیدا کنم. مدت‌ها گذشت و نشد. آن‌قدر به سررسید تمام شدن پس‌اندازم نزدیک می‌شدم که غرورم را زیر پا گذاشتم و بالاخره با ۲۵۰۰ دلار دوچرخه‌ای خریدم و کارم را در اوبرایتس[2] شروع کردم. اولین سفارش یک قهوه بود و من در جست‌وجوی مقصد یک ساعت و نیم در راه بودم. از خوش‌اقبالی من، سفارش‌دهنده خانم بزرگواری بود که پیام‌ها و تماس‌های مرا با حوصلهٔ تمام پاسخ می‌داد و شرایط مرا درک کرده بود. خانه‌اش تنها دو خیابان آن‌طرف‌تر بود اما من راه را پیدا نمی‌کردم. وقتی بسته را تحویلش دادم، سه دلار برای سفارش و یک دلار انعام داد. ترسیده بودم نکند امتیاز منفی بگیرم، آن هم در اولین سفارش.

پاییز ونکوور

شبی سرد، بارانی و دلگیر در ونکوور بود. قطره‌های باران با شدت

---

1 Uber
2 Uber Eats

داستانی از مهاجرت و تحول فردی

روی کاپشنم می‌ریخت و احساس سنگینی می‌کردم. باران به صورتم می‌زد و هر بار که چشم‌هایم را تنگ می‌کردم، ناامیدی عمیقی به من هجوم می‌آورد. زیر نور چراغ‌های خیابان، سایه‌هایی بلند و محو از بی‌خانمان‌هایی که کنار خیابان خوابیده بودند دیده می‌شد. این صحنه ذهنم را مشغول می‌کرد؛ افرادی که شاید روزگاری زندگی بهتری داشتند و اکنون به این حال و روز افتاده بودند. دوچرخه‌ام را در زمین چمنی که آن اطراف بود به گوشه‌ای انداختم، روی زمین دراز کشیدم و به فکر فرورفتم. افکار ناخوشایندم کم‌کم آرام شدند و وارد مرحلهٔ پذیرش شدم. پذیرفتم این چالش فعلی من است و قرار است از آن بیرون بیایم.

کار کردن در اوبر به فرصتی برای تأمل در مسیر زندگی‌ام تبدیل شد. دوچرخهٔ کوچکم رفیق سفرهایم بود. یکی از روزهای سخت و نه‌چندان خوشایند، وقتی داشتم فکر می‌کردم که آیا از این بدتر هم می‌تواند بشود، ناگهان گرفتن سفارشی بزرگ خوشحالم کرد. زمانی که از تحویل این سفارش برگشتم، دیدم دوچرخه‌ای که آن روزها برایم آن‌قدر عزیز بود، نیست. تازه متوجه شدم در اینجا سرقت‌هایی از این دست آن‌قدر عادی است که پلیس موارد کوچک را اصلاً پیگیری نمی‌کند.

اطرافیانم می‌گفتند در محلهٔ چینی‌ها اموال سرقتی با قیمتی بسیار کمتر موجود هستند. اما من حاضر نبودم دوچرخه‌ای را بخرم که کس دیگری شبیه خودم آن را از دست داده بود. مگر ممکن است درس شرافت و اخلاقی که از آموزه‌های پدرم است از وجودم برود؟ مجبور شدم سخت‌ترین کار روزگار را انجام بدهم و از دوست مهربانی

تقاضا کنم مبلغی برای خریدن همان دوچرخه به من قرض بدهد و او در کمال گشاده‌رویی پذیرفت.

دوباره کار اوبر را به موازات سایر کارهایم شروع کردم. یک شب یکی از دوستان مرا به خانه‌اش دعوت کرد تا دربارهٔ پروژه‌ای جلسه بگذاریم. معجزه شده بود! زمانی که صحبت از قرارداد شد، از خوشحالی در پوستم نمی‌گنجیدم. با وجود آنکه دقیقاً می‌دانستم چقدر می‌خواهم، دستمزد درخواستی‌ام را نگفتم. نه اینکه کار من قیمت نداشته باشد، نه اینکه بخواهم از درسی که به شاگردانم در کلاس‌های کوچینگ[1] می‌دهم فاصله بگیرم[2]، محبت دوستانم بود و اشتیاقِ سرآغازی نو که مرا به وجد آورده بود. خواهش کردم هر مبلغی که در نظر گرفته‌اند، نیمی از آن را در ابتدا پرداخت کنند و کار را شروع کنیم. فردای آن روز بود که آن دوست عزیز ۲۵۰۰ دلار نقد به من داد. از زیر بار قرض بیرون آمدم و روزگار داشت روی دیگرش را نشانم می‌داد.

مشتاقانه پیگیر جلسات و کارها بودم تا اینکه متوجه شدم دوستانم تصمیم گرفته‌اند مسیر پروژه را تغییر دهند. قراری گذاشتیم و متوجه شدم دیگر نمی‌خواهند کار را به شکلی که برنامه‌ریزی کرده بودیم پیش ببرند. در همان لحظه بی‌درنگ تمام مبلغ اولیه را بازگرداندم و روز از نو، روزی از نو.

همچنان به مطالعه و یادگیری ادامه می‌دادم و سعی می‌کردم تسلیم نشوم. دلتنگی اما بیشتر می‌شد و دانش مرا از خود و از انسانِ در

1 Coaching

۲ همیشه به آن‌ها می‌گویم قیمت کار و بازهٔ زمانی قرارداد خود را بدون تعارف بگویند و این رفتاری حرفه‌ای است.

مهاجرت به چالش بیشتری می‌کشید. یک شب پس از تحویل دادن یکی از سفارش‌ها، کنار دوچرخه‌ام نشستم و به آسمان نگاه کردم. باران همچنان می‌بارید و من احساس می‌کردم تمامی امیدها و رؤیاهایم هم با آن شسته می‌شود. هرگاه به فکر تسلیم شدن می‌افتادم، صدای خندهٔ فرزندانم در ذهنم طنین‌انداز می‌شد و مرا به خود می‌آورد. برای آن‌ها، برای همسرم، باید ادامه می‌دادم. آن شب وقتی به خانه برگشتم همسرم با نگرانی به من نگاه کرد. او هم فشارهای زیادی را تحمل می‌کرد اما همیشه سعی داشت مرا دلگرم کند. به او گفتم که باید یک تغییر اساسی در زندگی‌مان بدهیم.

در طول سال‌ها، همیشه به دنبال یادگیری و توسعهٔ فردی بودم و در این زمینه آن‌قدر کتاب خوانده بودم و از محضر اساتید بزرگ و مطرح بین‌المللی دانش و مهارت کسب کرده بودم که گاهی از خودم می‌پرسیدم اصلاً این‌همه مطلب روزی به کارم خواهد آمد؟ حالا نیاز به چیزی بیشتر داشتم؛ نیاز به کسی داشتم که دستم را بگیرد و کمک کند تا از افسردگی و دلتنگی بیرون بیایم. کسی که بتوانم از او چیزهای بیشتری یاد بگیرم. تصمیم گرفتم با یکی از دوستان روان‌شناسم مشورت کنم؛ دوست بزرگواری که حق استادی‌اش همیشه بر گردنم خواهد ماند. در کنار او و مسیر درمانی‌اش به بینشی رسیدم که برای مهاجران و تازه‌واردان بسیار حیاتی است. باید هر روز و هر ساعت مراقب روان و افکارمان باشیم. آسیب‌های روانی در مهاجرت چندین برابر می‌شوند، حتی زمانی که فکر می‌کنیم در حال پیروز شدن در برابرشان هستیم. کسی در فرهنگ ما به ما نمی‌آموزد که از روانمان مثل جسممان مراقبت کنیم.

ماجراجویی نو

یـک روز در حیـن کار، بـه یـاد اولیـن جلسـه‌ای افتـادم کـه بـا کـوچ حرفه‌ای‌ام داشتـم. او بـه مـن آموختـه بـود: «زندگـی شـبیه یـک سـفر اسـت؛ سـفری کـه هـر گامـش تجربـه‌ای تـازه بـه همـراه دارد. هـر بـار کـه از نـو شـروع می‌کنـی، فرصتـی بـرای یادگیـری و رشـد داری». ایـن جمله‌ها همچنان در ذهنم طنین‌انداز بود و هر لحظه‌ای که ناامیـدی بـه سـراغم می‌آمـد، بـه یـادش می‌افتـادم و دوبـاره انـرژی می‌گرفتـم. بـا تلاش‌هـای فـراوان و گـذر زمـان، توانسـتم شـغل مناسـبی پیـدا کنـم و زندگـی‌ام را بهبـود بخشـم. از ایـن مرحلـه بـه بعـد، تصمیـم گرفتـم دوبـاره بـه رسـالت حرفـه‌ای‌ام کـه همیشـه سـرلوحهٔ اقداماتـم بـوده، هسـت و خواهـد مانـد بازگـردم کـه نه‌تنهـا بـه فکـر خـودم و خانـواده‌ام باشـم، بلکـه بـه دیگـران هـم کمـک کنـم. بـه همیـن دلیـل شـروع بـه تدریـس دوره‌هـای کوچینـگ و توسـعهٔ فـردی کـردم. هدفم ایـن بود کـه تجربیاتـم را، تلـخ و شـیرین، بـه دیگـران منتقـل کنـم و بـه آن‌هـا کمـک کنـم تـا در مسـیر زندگی‌شـان تاب‌آورتـر، موفق‌تـر و خوشـحال‌تر باشـند.

پـس از یکـی از کلاس‌هایـم، جوانـی بـا مـن تمـاس گرفـت. تـازه مهاجـرت کـرده بـود و در جسـت‌وجوی امیـد و راهنمایـی بـود. بـه مـن گفـت کـه چقـدر احسـاس ناامیـدی می‌کنـد و نمی‌دانـد چگونـه بایـد از ایـن شـرایط بیـرون بیایـد. بـا شـنیدن داستانـش، یـاد روزهـای اول مهاجرتـم افتـادم و حـس کـردم بایـد بـه او کمـک کنـم. جلسـات متعـددی بـا او داشـتم و سـعی کـردم بـه او نشـان دهـم کـه چگونـه می‌توانـد از تجربیـات گذشـته‌اش اسـتفاده کنـد و آن‌هـا را بـه فرصت‌هـای جدیـد بـدل سـازد، و از همـه مهم‌تـر مراقـب روانـش باشـد. هـر جلسـه کـه می‌گذشـت، او

قوی‌تر و مطمئن‌تر می‌شد. شغلی مناسب یافت و با تلاش‌هایش توانست به زندگی جدیدش شکل بدهد. هر بار که او را می‌دیدم، احساس می‌کردم تلاش‌هایم بی‌ثمر نبوده‌اند. این موفقیت‌ها به من انگیزهٔ بیشتری می‌داد. با گذشت زمان، شبکه‌ای از دوستان و همکاران جدید پیدا کردم. هریک از آن‌ها داستان خودشان را داشتند و هرکدام به‌نوعی در مسیر مهاجرت با چالش‌هایی روبه‌رو شده بودند. ما با همدیگر به تبادل تجربیات و انگیزه‌ها می‌پرداختیم و این ارتباطات به من کمک می‌کرد تا خودم را بیشتر باور کنم.

روزی در یکی از این جلسات، یکی از دوستانم به من گفت: «تو باید کتابی بنویسی و تجربیاتت را به اشتراک بگذاری. این داستان‌ها می‌توانند الهام‌بخش افراد زیادی باشند.» این پیشنهاد برایم جالب بود و تصمیم گرفتم روی آن کار کنم. نوشتن کتاب، بازگشتی به گذشته بود. هر خاطره‌ای که روی کاغذ می‌آوردم، مرا به یاد لحظات تلخ و شیرین زندگی‌ام می‌انداخت. هر صفحه‌ای که می‌نوشتم، حس می‌کردم بخشی از وجودم را با دیگران به اشتراک می‌گذارم.

دور از خانه، نزدیک به خود: چالش‌های مهاجرت و قدرت درونی

اکنون با اطمینان بیشتری می‌توانم بگویم که با پذیرش تغییر به‌عنوان فرصتی برای رشد، می‌توان در برابر هر طوفانی ایستاد. هرگاه کنار پنجره به باران نگاه می‌کنم، به یاد برخی از لحظات سختی که پشت سر گذاشته‌ام می‌افتم. لحظاتی بود که ناامیدی بر من غلبه می‌کرد و نمی‌دانستم چطور باید ادامه بدهم. اما حالا، با نگاهی به گذشته، می‌دانم که هرکدام از آن لحظات مرا

به فردی قوی‌تر و مقاوم‌تر تبدیل کرده است. می‌دانم که همهٔ افراد در زندگی با چالش‌هایی روبه‌رو می‌شوند، مهم این است که چگونه با این چالش‌ها برخورد کنیم و از آن‌ها فرصتی برای رشد و پیشرفت بسازیم. این جملهٔ پرتکرار را بارها شنیده‌ایم که: «هرچقدر هم که شرایط سخت و ناامیدکننده باشد، همیشه نوری در انتهای تونل وجود دارد، پس هرگز ناامید نشوید و به پیش بروید»، اما در عمل همهٔ ما می‌دانیم چقدر دشوار است. درسی که من گرفتم این بود که روزی درخواهید یافت که نور انتهای تونل **خود ما** هستیم. در مهاجِرت، دلتنگی‌هایی را تجربه می‌کنید که مانند آن هرگز به سراغتان نیامده است و اگر از کسی کمک نگیرید، اشتباهی استراتژیک مرتکب شده‌اید.

از خانه دوریم؛ دورِ دور، اما به خود نزدیک باشیم؛ نزدیکِ نزدیک...

تقدیم به

پدرم، که راه و رسم زندگی سالم، انسانیت و مسئولیت‌پذیری را به من آموخت،

مادرم، که بلندپروازی، استقامت و معجزهٔ باور را به من آموخت و تنها کسی بود که وقتی شکست می‌خوردم مرا به برخاستن و ادامه دادن تشویق می‌کرد،

برادرها و خواهرِ عزیزم، که همیشه مشفقانه حامی و غم‌خوار من بودند،

عشقم، غزالهٔ مهربان، که پیمودن این مسیر سخت بدون وجودش

میسر نبود؛ همسر، رفیق، همراز و سنگ صبور من که پرقدرت در کنارم ایستاد،

قهرمانان زندگی‌ام، که موتور موفقیتم با وجودشان روشن شد و روشن می‌ماند، و محکم‌ترین دلیل، هدف و انگیزۀ من برای جنگیدن و تسلیم نشدن هستند؛ سامیار و جانیار عزیزتر از جانم.

و با سپاس از:

احسان خامسی و ساناز صدیق‌پور عزیز، که در تمام این شرایط سخت در کنارمان بودند،

دوست عزیز و ارزشمندم، پیام ظریفیان، که همفکری و حمایت‌های ارزشمندش سبب عمیق‌تر شدن دوستی ما گردید،

استاد، دوست و هیپنوتراپیست عزیزم، جناب آقای دکتر عنایت‌الله شهیدی، که وجودشان و روش درمانی‌شان در این دوران کمک بزرگی به من کرد،

و با سپاس و قدردانی ویژه از سرکار خانم دکتر کتایون بیداد، دکتر شهاب اناری، کیانا بیداد عزیز و تیم حرفه‌ای آکادمی کوچینگ ستارۀ شمال بابت تمام زحمات، صبوری‌ها و همراهی‌های دلسوزانه و حرفه‌ای‌شان.

دور دور، نزدَیکِ نزدیک

داستانی از مهاجرت و تحول فردی

دربارهٔ نویسنده

امیــن مینایی‌فــر، کارآفریـن و کـوچ برجسـتهٔ ایرانـی است. او کارش را در حـوزهٔ کامپیوتـر آغـاز کـرد و هم‌زمـان بـا شـرکت در دوره‌هـای مختلـف و تقویـت مهارت‌هـای متنـوع، وارد صنعـت بیمـه شـد. آنچـه به‌راسـتی امیـن را از دیگـران متمایـز می‌کنـد، اشـتیاق عمیـق او بـه یادگیـری و آمـوزش در زمینـهٔ مهارت‌هـای رشـد فـردی و حرفـه‌ای اسـت.

در دو دهـهٔ اخیـر، امیـن بـا جدیـت تمـام بـه فراگیـری اصـول کوچینـگ پرداختـه و در دوره‌هـای معتبـر بین‌المللی، ازجمله دوره‌های فدراسـیون بین‌المللی کوچینـگ[1] (ICF) شـرکت کـرده اسـت. او افتخار شـاگردی اسـاتید بزرگـی چـون دکتـر شـهاب انـاری را داشـته و همـواره کوشـیده تا

---

1 International Coaching Federation

دانـش و تجربیـات خـود را نه‌تنهـا در ایـران، بلکـه در سطح جهانـی بـه اشتراک بگذارد.

از دیدگاه امیـن، تاب‌آوری و توانایـی برخاسـتن پـس از شکسـت، کلیـد موفقیـت در دنیـای کسب‌وکار اسـت. او بـا بیانـی صمیمـی و گیـرا، تجربیـات شخصـی و حرفـه‌ای خـود را به‌عنوان مثال‌هایـی ملمـوس از ایـن اصـل مهـم بـا مخاطبانـش بـه اشـتراک می‌گـذارد.

امیـن به‌عنـوان یـک کـوچ حرفـه‌ای در حوزه‌هـای مختلـف کسب‌وکار فعالیت می‌کنـد و بـا اشـتیاقی وصف‌ناپذیـر بـه رشـد و توسـعۀ جامعـۀ پیرامـون خـود کمـک می‌کنـد. او اکنون بـه همـراه همسـر و دو فرزندش در شـهر ونکـوور کانـادا زندگـی می‌کنـد، امـا همچنـان ارتبـاط خـود را بـا جامعـۀ کارآفرینـی ایـران حفـظ کـرده و بـه فعالیت‌هـای آموزشـی و مشـاوره‌ای خـود ادامـه می‌دهـد.

راه‌های ارتباط با نویسنده:

📷 aminminaeefar

رقص در آغوش تغییر

محمدرضا نگهدار مجرد

رقص در آغوش تغییر
محمدرضا نگهدارمجرد
کارشناس کسب‌وکار، کوچ خودیابی

زندگی رخوت‌بار

بیش از ده سال به خود می‌گفتم: «تا کی باید به زندگی رخوت‌بار کارمندی ادامه دهم؟» بارها تصمیم گرفته بودم از کارمندی دست بکشم و کاری را برای خودم شروع کنم، اما نمی‌دانستم چگونه. در اعماق وجودم می‌ترسیدم و ترجیح می‌دادم با همین حقوق ماهیانه سر کنم و نگران ورشکستگی نباشم. هر زمان پروژه یا تغییری در کارم پیش می‌آمد، سرگرم می‌شدم و به‌طور مقطعی حالم خوب می‌شد. اما بعد از پایان پروژه، با بازخوردی که از شرکت می‌گرفتم حالم بدتر می‌شد. نتیجه‌گرایی و داشتن احساس ارزشمند بودن برای من مبنای ارزیابی کارهایم بود. احساس می‌کردم برخورد مدیرانِ عالی و به‌ویژه صاحب کسب‌وکار متناسب با تلاش‌های من نبود. در این حالت دچار یأس و ناامیدی می‌شدم. این موضوع بارها تکرار شد و رخوت و سستی هر روز در وجودم عمیق‌تر می‌شد. متأسفانه جسارت تغییر مسیر یا خواسته‌ای قدرتمند برای تغییر شرایط در وجودم نبود.

تلنگری برای پایان کارمندی

روزی در مسیر بازگشت از منزل پدری همراه خانواده به رستوران جگرسرا در شهریار رفتیم. وقتی وارد شدم تفاوت چشمگیر چیدمان و نحوهٔ برخورد، توجه مرا جلب کرد. مدت‌ها بود به‌خاطر کدورتی

که از کارمندی داشتم، عمیق‌تر به کسب‌وکارها نگاه می‌کردم و آن‌ها را به چشم خریداری می‌دیدم. روی شیشهٔ در ورودی رستوران نوشته شده بود: «نخستین جگرسرای زنجیره‌ای کشور: کیفیت را مزه کنید.» چند روزی با خیال لذت‌بخش رستوران زندگی کردم. کنجکاو شدم که بدانم با چه شرایطی می‌شود نمایندگی گرفت. با یکی از همکارانم موضوع را مطرح کردم و او هم استقبال کرد. تصمیم گرفتیم به‌صورت جدی برای گرفتن شعبه‌ای از این رستوران زنجیره‌ای با آن‌ها وارد مذاکره شویم. با کل مبلغی که طی سال‌ها پس‌انداز کرده بودم و همراهی همکارم، بعد از شش ماه، شعبهٔ دوازدهم جگرسرا را در یکی از بهترین خیابان‌های تهران افتتاح کردیم. هر روز از سر کار به رستوران می‌رفتم و تا ساعتی پس از نیمه‌شب در رستوران مشغول بودم. خسته می‌شدم؛ اما به امید سودآوری و تثبیت کسب‌وکار و برای خروج کامل از کارمندی به تلاش خود ادامه می‌دادم.

ده ماه بعد از راه‌اندازی رستوران، ناگهان با همه‌گیری بیماری کرونا مواجه شدم. تقریباً کل اندوختهٔ مالی و بخشی از حقوق کارمندی را طی این مدت خرج رستوران کرده بودم. دیگر توانی برای ادامهٔ کار نداشتم. هم‌زمان با این بن‌بست مالی، شریکم پیشنهاد داد رستوران را تعطیل کنیم و مغازه را پس بدهیم، اما نتوانستم خودم را راضی کنم. گویی اعلام شکست به معنی خداحافظی همیشگی با رؤیاهایم بود. خستگی و تنگنای مالی از یک سو و امید و آرزوی چندین‌سالهٔ داشتن کسب‌وکار از سوی دیگر مرا در دوراهی دشواری قرار داد. پس از سپری کردن چند روز سخت و کلنجار رفتن با «خود واقعی‌ام»،

بالاخره تصمیم گرفتم ماشینم را بفروشم و با پول آن سهم شریکم را تسویه کنم. امیدوار بودم حضور کرونا در زندگی مردم عادی شود یا قرنطینه تمام شود. متأسفانه با گذشت زمان تمام پول باقی‌مانده از فروش ماشین به اتمام رسید.

تلاشی دوباره

همزمان با تعطیلی رستوران، فکر کردم با پولی که از ودیعهٔ مغازه برایم باقی مانده چه کنم؟ در ذهنم دو گزینه رخ‌نمایی می‌کرد: «منِ شکست‌خورده» دیکته می‌کرد که با این پول ماشین نسبتاً خوبی بخرم. اما «منِ خستگی‌ناپذیر» می‌گفت که دوباره با پول خودم سرمایه‌گذاری کنم. آن زمان تورم بالا بود و بازار طلا و ملک داغ. اما قلباً راضی به این نوع سرمایه‌گذاری نبودم. دوست داشتم کسب‌وکاری داشته باشم. مدتی در این دوراهی سرگردان بودم تا اینکه با یکی از دوستان قدیمی، که صاحب یک نمایندگی تعمیرات تلویزیون و مانیتور از برندهای معتبر بود، دیداری داشتم و با هم به توافق رسیدیم. قرار شد در شرکت او با هدف کمک به توسعهٔ کسب‌وکار از طریق فعال‌سازی خدمات آنلاین و ورود به بازار خُرد یا همان خانواده‌ها به‌جای شرکت‌ها و کسب‌وکارهای کوچک سرمایه‌گذاری کنم. دوستم تا آن زمان تقریباً کل مشتریانش را از طریق بازاریابی حضوری و فعالیت طی دو دهه به دست آورده بود و با ورود کسب‌وکارهای رقیب در بستر پلتفرم‌های اختصاصی و فضای مجازی، سهم شرکتش از بازار کاهش چشمگیری پیدا کرده بود و تقریباً روند رشدش متوقف شده بود. بر این اساس تصمیم گرفتیم حوزهٔ فعالیت اینترنتی را راه‌اندازی کنیم و سیستم‌های عملیاتی را

برای سرویس‌دهی به مشتریان جدید متحول سازیم تا هدف‌گذاری جدید محقق شود. تزریق سرمایه و فعالیتم با حضور منظم هفتگی در شرکت، آغاز فصل جدیدی از دنبال کردن آرزوی همیشگی‌ام و حذف برچسب «کارمند» از زندگی‌ام بود. مدتی به‌عنوان مدیر بازاریابی بانک خصوصی فعالیت کرده بودم و همین امر کمک می‌کرد تا تجارب و دیدگاه‌های عملیاتی داشته باشم. هدف این بود که تجربهٔ خودم را به‌عنوان استراتژی به کسب‌وکار دوستم در حوزهٔ تعمیرات الکترونیکی وارد کنم.

درسی دیگر

در چند ماه پایانی فعالیت رستوران در تلاش بودم تا همراه با کار عملیاتی و درگیری در بطن کسب‌وکار کوچک، نسبت به کسب دانش مورد نیاز نیز اقدام کنم. بر این اساس در دورهٔ آموزشی بیزینس‌کوچینگ[1] در مرکز بیزینس‌کوچینگ ایران شرکت کردم. این دوره توانست دانش و اطلاعات پراکندهٔ مرا در حوزهٔ سازمانی، برنامه‌ریزی و بازاریابی در بخش کسب‌وکار، منظم و یکپارچه کند. با آغاز فعالیتم در نمایندگی شرکت مادیران (تعمیر تلویزیون و مانیتور) و هماهنگ با سرفصل‌های دورهٔ آموزشی به همراه دوستم تصمیم گرفتیم گرفتن بازخورد از مشتریان را به فعالیت‌های کلیدی شرکت اضافه کنیم تا امکان تنظیم فعالیت‌های عملیاتی فراهم شود. جذب نیرو و فعالیت در این بخش آغاز شد؛ پیج اینستاگرام راه‌اندازی و تولید محتوا شروع شد و طراحی سایت شرکت با هدف بسترسازی ارائهٔ خدمات در این حوزه نیز در فهرست کار قرار گرفت. هماهنگی

---

1 Business Coaching

و مدیریت این امور با من بود و هم‌زمان با این کار، طراحی الگوی پرداخت کارکنانِ شرکت برای هماهنگی و همسویی آن با تعداد و کیفیت خدمات ارائه‌شده نیز انجام گرفت. با اطلاعات حاصل از نظرسنجی از مشتریان، سیستم مدیریت امور مشتریان نیز راه‌اندازی شد تا امکان پیگیری و ارائهٔ بازخورد لحظه‌ای به مشتری خرد فراهم گردد. لازم بود نیروی تخصصی و مستقل در بخش بازاریابی دیجیتال جذب شود و پرداخت دستمزد کارکنان به‌ویژه بخش فنی مبتنی‌بر مدل تدوین‌شده صورت پذیرد. اقدام کلیدی دیگر، ثبت فرایندهای بخش‌های مختلف شرکت در سیستم مدیریت امور مشتریان برای مطلع شدن مشتری از وضعیت خدماتِ در جریانِ شرکت بود. این موضوع می‌توانست نقطهٔ عطفی برای تغییر بازار شرکت از سمت مشتریان شرکتی به سوی مشتریان خرد و خانواده‌ها باشد. متأسفانه چالش عدم پذیرش کارکنان در مورد کوچک‌ترین تغییرات و نیز عدم حمایت مدیریت، منجر به وقفه‌های مکرر و کم‌رنگ شدن نتایج برنامه‌ها شد. تخصیص نیروی دیجیتال‌مارکتینگ[1] به سایر امور عملیاتی و همچنین تداوم روش سنتی پرداخت به کارکنان و مقاومت کارکنان بخش فنی در ثبت و پیشبرد امور نهایتاً کلیهٔ تلاش‌های یک‌ساله‌ام را بی‌اثر کرد. در عمل، مدیریت از رویکرد مورد توافق خودمان عقب‌نشینی کرد. در میانهٔ چالش‌ها، سعی کردم تا با مدیریت به درک مشترکی بر اساس اهداف مورد توافق برسیم که دلیل اصلی سرمایه‌گذاری من در آن شرکت بود. اما شریکم به دنبال این بود که امور به‌صورت سنتی پیش برود و این امر باعث شکل‌گیری رخوت شد و احساسی شبیه به «آب در هاون

---

1 Digital Marketing

کوبیدن» در من ایجاد شد.

پس از دو سال همراهی، تداوم همکاری متوقف گردید و طی شش ماه از اعلام خاتمهٔ همکاری، توانستم مبلغ سرمایه را به همراه سود محاسبه‌شده در دفاتر مالی شرکت دریافت کنم. هرچند منافع حاصل از این سرمایه‌گذاری و همکاری بسیار کمتر از نرخ تورم و حتی دستمزد متعارفم بود، اما خروج خودم، افکارم و رؤیاهایم از مسیری سراب‌گونه برای من ارزش بیشتری داشت.

ارزیابی باورها در میانهٔ چالش‌ها

یاد گرفتم از هر اتفاق مهم تحلیلی داشته باشم و با تأمل عمیق در فرایند توافق و شراکتم دریافتم که این نقص در رستوران‌داری هم همراهم بود. در ورود به شراکت، اصل اساسی بررسی خواسته‌ها، ارزش‌ها و چشم‌انداز طرف مقابل به‌خوبی انجام نشده بود. به دلیل حساسیت و تمرکز روی نوع و مدل کسب‌وکار، به آن‌ها توجه کافی نکرده بودم و در میانهٔ راه، زمانی که چالش‌ها و موانع خودشان را نشان دادند و به حضور تمام‌قد و باورمند شریکم نیاز داشتم، پاسخ سرد یا منفی دریافت کرده بودم. اینجاست که اصالت و حضور قدرتمندِ خواسته در مرحلهٔ آزمون قرار می‌گیرد. ارزشمندیِ خواسته و اهدافی که در پی آن هستیم، زمانی به‌درستی مشخص می‌شود که در صحنهٔ اقدام و در مواجهه با سختی‌ها، با قدرت ادامه دهیم.

راستی... تو که هستی؟

مدتی که در حال خارج کردن سرمایه‌ام از شرکت تعمیرات الکترونیکی بودم، برای یافتن دلیل شکست‌هایم عمیقاً با خودم

درگیر بودم. در جلسه‌ای با منتور دورهٔ بیزینس‌کوچینگ مشخص شد که یکی از علت‌های اصلی سستی، عقب‌نشینی و در برخی موارد ناامیدی من از ادامهٔ کار، همین «ترس از شکست» است. ترسی که با حضورم در هر کاری بر افکار و اعمالم سایه می‌افکند. این ترس برگرفته از محافظه‌کاری دوران کارمندی بود. شکست‌های من برای راه‌اندازی کسب‌وکارم، همراه با محافظه‌کاری برگرفته از شخصیت کارمندی، دلایل این ترس بودند.

وقتی دست به کاری می‌زدم، ضعیف عمل می‌کردم؛ سپس در چالش‌ها یا پا پس می‌کشیدم و از چالش فاصله می‌گرفتم یا در رویارویی با آن چالش به‌هم‌ریخته و پریشان عمل می‌کردم. نیازمند اکسیری از آرامش و قدرت بودم. طی دو دوره اقدامِ به قول خودم جسورانه در کسب‌وکارهای «رستوران‌داری» و «تعمیرات الکترونیک» این ترس تجلی پیدا کرده بود.

یافتن نقاط ضعفم، این آگاهی را به همراه آورد که بدانم کیستم و چیستم. مقوله‌ای که قبل از پاسخگویی به سؤالِ «به کجا می‌خواهم بروم؟»، باید به آن می‌پرداختم. وقتی به نقاط ضعفم آگاه شدم و دانستم فردی یادگیرنده هستم، سراغ محتوا و مطالب آموزشی در این حوزه رفتم. اینجا آغاز مسیر زندگی‌ام در حوزهٔ توسعهٔ فردی بود.

مسیر روشن، قدرت و آرامش، چاشنی حرکت!

متوجه شدم باید در ادبیات زندگی واژه‌ای دیگر را جایگزین واژهٔ «شکست» کنم تا خودبه‌خود واژهٔ «ترس» هم ضعیف شود. به‌جای «شکست»، واژهٔ «درس» را در ذهن خود جایگزین کردم. این دیدگاه به تمرین نیاز داشت. با صاحبان کسب‌وکار رستوران‌داری، که قبلاً

با آن‌ها همکاری داشتم، قرار ملاقاتی گذاشتم. جالب بود بعد از مدتی پیشنهاد سرمایه‌گذاری مجدد در شعبهٔ مرکزی آن برند مطرح شد و با پریدن در همان استخری که فکر می‌کردم شنا در آن را نمی‌دانم، توانستم بعد از مدت یک سال علاوه بر سهام‌داری و شراکت در کسب‌وکار، مدیریت شعبه‌ای در تهران را در اختیار بگیرم.

در مقابله با ترس، از محتوای الهام‌بخش کپسول صوتی «کارمند نباش» بسیار بهره بردم و با یاری جستن از کتاب اصلی این کپسول با نام **زندگی خود را طراحی کنید**[1] از «تفکر نقطه‌ای» به «تفکر جهت» تغییر دیدگاه دادم. کار با اعداد و ارقام و تجاربم در بخش‌های برنامه‌ریزی و آمار، مرا ریزبین و حساس به اعداد کرده بود. تا زمانی که به پیش‌بینی دقیقی از کار دست پیدا نمی‌کردم، اقدامی صورت نمی‌گرفت (کمال‌گرایی). آموختم با داشتن چشم‌انداز (زندگی و کار) و نه نقطهٔ دقیق، با شور و اشتیاق می‌توانیم به بهترین شکل ممکن در اقیانوس زندگی و کار پیش برویم. زمانی که حالتان خوب نیست به سندی که نوشته‌اید بنگرید و ببینید کجای نقطه‌ای که ایستاده‌اید با آن هماهنگ نیست، یا مشغول انجام چه کاری هستید که مطابق خواسته و چارچوب درونی‌تان نیست، آن‌گاه تغییرات لازم را بدون تردید و اتلاف وقت انجام دهید.

باید این سستی و اهمال‌کاری اصلاح می‌شد و شخصیتم بازآفرینی می‌شد. از محتوای الهام‌بخش کتاب‌های **پادشکننده**[2] و **خلق**

---

۱ زندگی خود را طراحی کنید؛ نوشتهٔ بیل بورنت / دیوید ایوانس
۲ پادشکننده؛ نوشتهٔ نسیم نیکلاس طالب

شخصیت قدرتمند[1] بسیار بهره بردم.

در رسالتی که برای زندگی نوشته‌ام، «اثربخشی»، «یادگیری» و «کمک به دیگران» کلیدواژه‌های اصلی هستند. این رسالت را در شبیه‌ترین شکل خود در کوچینگ یافتم. با شرکت در دورهٔ تربیت کوچ حرفه‌ای آکادمی ستارهٔ شمال با تأییدیهٔ فدراسیون بین‌المللی کوچینگ[2] (ICF) سعی کردم وارد حوزهٔ جدیدی از زندگی و کار شوم. ادبیات کوچینگ می‌گوید: «خوب و بد وجود ندارد؛ هیچ‌چیز قطعی نیست.» درک واقعی پدیده‌ها نه با «گفتن»، بلکه با «پرسیدن و شنیدن» ممکن است. در این مسیر می‌توان با کنار زدن موانع و چالش‌های زندگی به خود و دیگران کمک کرد تا نسخهٔ بهتری از خودشان باشند. چیزی را یافتم که سال‌ها از آن محروم بودم؛ نه نقطه و جای مشخص، بلکه مسیری برای بهتر زیستن. به قول آقای اکهارت تله[3] «زمینی نو» بیابیم.

فردا چه می‌شود؟

آنچه که امروز در سر دارم، پررنگ‌تر کردن نقشم در کمک به دیگران به‌عنوان خط اصلی چشم‌انداز کار و زندگی است. زیباترین عبارتی که تاکنون به آن دست یافته‌ام «شکوفایی انسان از بعد درونی و بیرونی» است. در این مسیر دانش و مهارت کوچینگ همراه با **آگاهی و پذیرش** از اهمیت بالایی برخوردار است. همواره به خودم یادآوری خواهم کرد که ارزشمندی و آرامش درونی در زندگی زمانی مهیا می‌شود که همواره یک خواستهٔ مقدس داشته باشم و

۱ خلق شخصیت قدرتمند؛ نوشتهٔ جیم ران

2 International Coaching Federation

3 Eckhart Tolle

آن را پیگیری کنم.

امیدوارم به رشتهٔ تحریر درآوردن تجربه‌ام بتواند به خوانندگانی کمک کند که شرایطی مشابه آنچه تجربه کرده‌ام را دارند یا شاید خواهند داشت.

آگاه و آرام باشید.

رقص در آغوش تغییر

دربارهٔ نویسنده

محمدرضا نگهدارمجرد با کسب مدرک بین‌المللی کوچینگ مسیر جدیدی را آغاز کرده است و وارد عرصهٔ خودآگاهی و شکوفایی شده است. او به‌شدت علاقه‌مند به تغییر پارادایم با استفاده از توانمندی خود در کشف و تحلیل علل، عوامل و نتایج پدیده‌هاست تا نسخهٔ بهتری برای حرکت رو به جلو بیافرینند و از تکرار روزمرگی به‌شدت گریزان است.

محمدرضا بیش از بیست سال در عرصهٔ سازمانی در حوزه‌های برنامه‌ریزی، تغییر و مدل‌سازیِ تصمیمات فعالیت داشته است. او هم‌زمان با فعالیت خود در شرکت‌های مختلف در صنعت بانکداری، به تحصیل در رشته‌های بازرگانی و مدیریت کسب‌وکار پرداخته است

و به‌منظور تأثیرگذاری بیشتر، دانش لازم را در دانشگاه و مؤسسات آموزشی کسب کرده است.

او با ورود به دهۀ چهارم زندگی و پس از حدود ۲۵ سال زندگی کارمندی و کار کردن در شرکت‌های مختلف، به‌تدریج شکاف میان خاستگاه‌های درونی و انتظارات نوشته و نانوشتۀ سازمان‌ها را بیشتر لمس کرد و تصمیم گرفت با هدف بهره‌گیری بیشتر از استعداد و تجارب خود، دست به فعالیت‌های مستقل در حوزۀ کارآفرینی و سرمایه‌گذاری بزند که از آن جمله می‌توان به سرمایه‌گذاری و مدیریت در حوزۀ رستوران‌داری و خدمات تعمیرات الکترونیکی اشاره کرد. او با فراگیری درس‌هایی که طی دوران تغییر پارادایم کاری آموخت (که قبلاً آن‌ها را شکست می‌خواند)، توانست علاوه بر شراکت خود در تنها برند زنجیره‌ای باربیکیوی ایران به نام «چاشنی»، به مدیریت یکی از شعب این برند در تهران دست یابد. هم‌زمان، به فعلیت در هلدینگ سرمایه‌گذاری گردشگری پرداخت تا با توسعۀ فردی در بخش تعاملات و ارتباطات و عمق‌بخشی به رسالت وجودی، در خلق جهانی بهتر برای زندگی، حضوری مؤثرتر و معنادارتر داشته باشد.

راه‌های ارتباط با نویسنده:

Uptosilence

mnegahdarm77@gmail.com

کبوترخانه‌ها
الگوي تعامل
تاب‌آورانه با طبیعت

سعید هادی‌زاده کاخکی

کبوترخانه‌ها
الگوی تعامل تاب‌آورانه با طبیعت

سعید هادی‌زاده کاخکی
مهندس معمار

قصه با پیدا شدن یک کبوتر بال‌شکسته در حیاط خانهٔ ما و تیمار او توسط خواهرم شروع شد. بعد از بهبودی هم، نه او دیگر حاضر به ترک آنجا بود و نه ما دیگر می‌توانستیم از او دل بکنیم. من که آن زمان دانشجوی معماری بودم در پی چاره شدم. دستور کار، تهیهٔ یک جای مناسب برای اسکان کبوتر بود و من به سیاق روند آموزشی رشته‌مان به تحقیق پرداختم. نتیجه اما شگفت‌انگیز و فوق‌العاده بود؛ کبوترخانه یا برج کبوتر. کبوترخانه گرچه در سرفصل‌های آموزشی ما در دانشگاه جایی نداشت، ولی به‌روشنی دریافتم که در روزگار رونق خود جایگاهی ارزشمند در معماری بومی داشته است. کبوترخانه‌ها از سرنُمون‌های معماری سنتی ایران بوده‌اند و همین باعث شده است که بسیاری از سیاحان مشهور در سفرنامه‌های خود روایت‌هایی از برخورد با این بناهای غریب و زیبا و کنجکاوی‌برانگیز به رشتهٔ تحریر درآورند. یکی از نخستین روایت‌های سیاحان از کبوترخانه‌ها در ایران از قرار معلوم در **سفرنامهٔ ابن‌بطوطه** آمده است؛ آنجا که مؤلف می‌نویسد: «فیلان قریهٔ بزرگی‌ست که روی رودخانهٔ عظیمی ساخته شده است و در کنار آن مسجد بسیار زیبایی وجود دارد [...] آن روز نیز از وسط باغ‌ها و دیه‌های زیبا که برج‌های کبوتر زیادی داشت به مسیر خود ادامه دادیم و پسین‌روز به اصفهان

رسیدیم.» لـرد کِـرزن،[1] اوژن فلانـدن،[2] تومـاس هربـرت[3] و ژان شـاردن[4] از دیگر سیاحان و سیاست‌پیشگانی هستند که در سفرنامه‌ها و خاطرات خود این بناهای باشکوه را ستوده‌اند.

کبوترخانه چیست؟

آن زمـان کـه مثـل امـروز زندگـی سـرعت بالایـی نداشـت و امکانـات گسـترده، بشـر را مبهـوت و سرگشـته نکـرده بـود، آدمـی بـرای مهم‌ترین نیـاز کشـاورزی بعـد از آبیـاری - کـودوَرزی - دسـت بـه ابـداع نوعـی از معمـاری زد کـه قرن‌هـا پاسـخگوی ایـن نیـاز مهمـش بـود.

- استحصال کود برای کشاورزی و مصارف دیگر

کبوترخانه مأوای کبوتـران بـرای اسـتحصال کـود از آن‌هاسـت. بـه عبـارت دیگـر، کبوترخانه‌هـا را در دشـت‌ها و کنـار مـزارع می‌سـاختند تـا کبوترهـا بتواننـد آزادانـه بـه آن‌هـا رفت‌وآمـد و زادآوری کننـد. سـپس

---
1 Lord George Nathaniel Curzon
2 Eugène Flandin
3 Thomas Herbert
4 Jean Chardin

کبوترخانه‌ها

فضلهٔ کبوتران را به‌عنوان کود جمع‌آوری می‌کردند و در کشاورزی، دباغی، ساخت باروت و... مورد استفاده قرار می‌دادند. به همین دلیل نجف‌آباد که بیشترین تعداد کبوترخانه‌ها را نسبت به بسیاری دیگر از نقاط ایران داشت، در دورهٔ صفویه یکی از مراکز سلاح‌سازی در ایران نیز بود. امروزه غیر از کبوترخانه‌های موجود پراکنده، چندین نقطه وجود دارند که در آن‌ها تعداد زیادی از برج‌های کبوتر کنار هم هستند و علاقه‌مندان می‌توانند گونه‌های متنوع زیادی از این برج‌ها را کنار هم ببینند: روستای قودجان بین شهرهای گلپایگان و خوانسار، روستای گورت در شرق شهر اصفهان و روستای ولاشان نزدیک شهر فلاورجان.

- بهره‌برداری از طبیعت

این بناها را گرچه به‌نوعی برای بهره‌برداری از طبیعت می‌ساختند ولی این بهره‌برداری بسیار احترام‌آمیز بوده است. به این معنی که بهترین شرایط زیستی، ازجمله امنیت و رفاه کبوتران در جزئی‌ترین مسائل هم موقع ساخت بنا مورد توجه قرار می‌گرفته است. شکل جدید کبوترخانه‌ها، قفس‌هایی است که امروزه در مکان‌های عمومی ساخته می‌شود؛ اگرچه بدیهی‌ترین حقوق کبوتران و شرایط زیستی آنان در ساخت این قفس‌ها رعایت نمی‌شود.

- معماری باشکوه

شاید به نظر برسد این بناهای به‌ظاهر ساده، با نگاهی کارکردی و عمل‌گرایانه بنا شده‌اند، ولی با دقت در معماری آن‌ها به طرح احجامی فوق‌العاده زیبا و جزئیاتی حیرت‌انگیز برمی‌خوریم که حاوی بسیاری از ظرافت‌ها، در عین تنوع است. ازقضا همین ساختار

و معمـاری پُـر رمـز و راز برج‌هـای کبوتـر، ماحصل قرن‌هـا رشـد و تکامـل تدریجـی آن‌هاسـت.

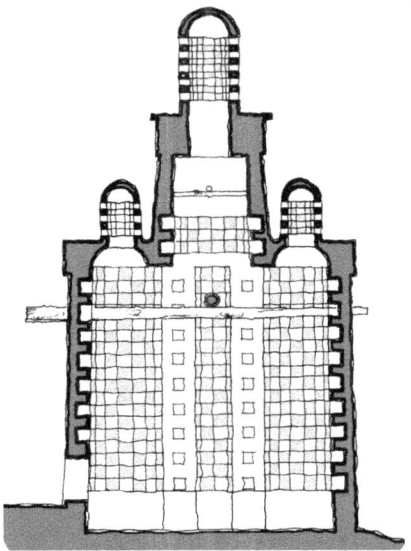

- قدمت

نمی‌تـوان تاریـخ مشخصی را بـرای پیدایـش کبوترخانه‌هـا تعییـن کرد ولی دیرینگی این بناهای ارزشمند به همان قدمـت معمـاری بومی اسـت. دیگر اینکـه، گرچـه مصالح ساخت آن‌ها عمدتاً خشـت و گِل بوده و بعد از گذشـت یـک دوره به‌طـور کامـل بـه طبیعـت بازمی‌گشته‌اند، ولی رد پای حضور آن‌هـا را در تاریـخ، جغرافیا و ادبیـات می‌تـوان تا اعمـاق زمـان رهگیری کرد؛ آنجا کـه مولانا، شـاعر بزرگ قـرن هفتـم، می‌فرماید:

گرد این بام و کبوترخانه من   چون کبوتر پر زنم مستانه من

- سرنوشت

ظهـور کودهـای شـیمیایی کـه آلودگـی منابـع آب و خـاک از پیامدهـای مهم آن اسـت و تغییـر سبک زندگـی که نیـاز مبرم به صـرف زمان و انـرژی در

کبوترخانه‌ها

بهره‌برداری از برج‌های کبوتر را برنمی‌تابد، مهم‌ترین عامل برای تهدید موجودیت کبوترخانه‌ها است. در مورد کارکرد مهم کبوترخانه‌ها در تولید کود طبیعی که حتی امروز هم با نگاه تاب‌آورانه می‌تواند باعث احیاء یکی از کارکردهای کهن کبوترخانه‌ها شود، شاردن در سفرنامه‌اش می‌نویسد: «در همهٔ نواحی امپراتوری ایران کبوترهای اهلی و وحشی وجود دارد. ولی کبوتر وحشی به مقدار بسیار کثیری مشاهده می‌شود [...] من عقیده دارم که ایران کشوری است که بهترین کبوترخانه‌های جهان در آن ساخته می‌شود [...] این کبوترخانه‌های عظیم شش بار بزرگ‌تر از بزرگ‌ترین پرورشگاه‌های کبوتر ماست. این‌ها را از خشت بنا می‌کنند و رویش گچ و آهک می‌کشند و در تمام سطوح داخلی دیوارهٔ بنا از بالا به پایین حفره‌هایی تعبیه می‌کنند تا کبوتران در آن‌ها آشیانه کنند [...]

در حوالی اصفهان بیش از سه‌هزار کبوترخانه می‌شمارند و همهٔ این‌ها

چنان‌که من دیده‌ام برای تحصیل کود ساخته شده‌اند، نه پرورش و تغذیهٔ کبوتران.»[1]

تاب‌آوری و کبوترخانه‌ها

تاب‌آوری در معماری به توانایی یک بنا یا سیستم معماری در مواجهه با شوک‌ها و فشارهای مختلف بدون از دست دادن عملکرد یا هویت اصلی آن، اشاره دارد. این مفهوم شامل طراحی و ساخت بناهایی است که در برابر بلایای طبیعی مانند زلزله، سیل و طوفان مقاوم باشند و همچنین توانایی بازیابی و بازگشت سریع به وضعیت پایدار را پس از وقوع این حوادث داشته باشند. برای دستیابی به تاب‌آوری، معماران و مهندسان از استراتژی‌های مختلفی مانند استفاده از مواد پایدار، طراحی انعطاف‌پذیر و سامانه‌های سازه‌ای مقاوم استفاده می‌کنند.

کبوترخانه‌ها از منظر اصول معماری ایران ـ با سبک‌شناسی‌ای که استاد محمدکریم پیرنیا ارائه می‌دهد ـ به این صورت تحلیل می‌شوند:

- پرهیز از بیهودگی

در عین اینکه این بناها زیبا و کارا و کاربردی هستند، کمترین عنصر فانتزی و بیهوده در آن‌ها یافت می‌شود. به این ترتیب تجمل به این نوع معماری راه نمی‌یابد، ولی درعین‌حال فاخرترین نوع هنر از مجرای آن ارائه می‌شود.

- خودبسندگی

این بناها عمدتاً و حتی‌الامکان با استفاده از مصالحِ در دسترس و موجود در محلِ ساخت، بنا می‌شد و از این جهت کمترین منابع،

---

۱ **سفرنامه شاردن**؛ ژان شاردن، ترجمه اقبال یغمایی، انتشارات توس.

انـرژی و هزینــه را بــه خــود اختصــاص مـی‌داد. خـاک به‌عنـوان عنصـر اصلـی بـرای تهیـۀ خشــت و آجـر، فـراوانْ و بـرای ایـن منظـور حـاوی کارایـی مطلـوب است.

- سازه (نیارش)

در ساخت کبوترخانه‌ها بهترین و مناسب‌ترین روش‌ها در ساختار کالبدی به کار رفتـه است. این مهـم، دسـتاورد معمـاران گمنـام و ماهر بومی بوده است.

- درون‌گرایی

برج‌هـای کبوتـر بناهایـی درون‌گـرا هسـتند و جزئیـات و پیچیدگی‌هـای به‌کاررفتـه در سـاخت آن‌هـا، در نـگاه اول و از بیـرون بـه چشـم نمی‌آینـد. ایـن خـود برخاسـته از روح سـیال و سـادۀ مردمـان ایـن سـرزمین اسـت کـه بی‌آلایـش ولـی عمیق‌انـد.

- مردم‌واری

ایـن وجـه در مقیـاس ایـن سـازه‌ها نمـود دارد و ارتبـاط مسـتقیمی بـا وضعیـت اقتصـادی و اجتماعـی مالـک یـا بهره‌بـردار هـر کبوترخانـه دارد. بـه عبـارت دیگـر، مالـک یـا سـازندۀ ایـن بناهـا بـه فراخـور امکاناتـش مبـادرت بـه جانمایـی و سـاخت می‌کـرده اسـت.

ایـن مفاهیـم، هم‌ارز تعاریـف امروزیـن و رایـج معمـاری پایـدار اسـت کـه از ویژگی‌هـای منحصربه‌فـرد معمـاری بومـی ایـران بـه شـمار مـی‌رود.

کبوترخانه‌ها، نمادی از تاب‌آوری و همزیستی

داسـتان کبوترخانـه از شـروع سـاده‌اش به‌عنـوان پناهگاهـی بـرای پرنده‌ای زخمـی تـا تکامـل آن به‌عنـوان نمـادی از تاب‌آوری و همزیسـتی، گواهـی بـر

قدرت ماندگار نبوغ انسانی و ارتباط ناگسستنی ما با طبیعت است. این سازه‌های به‌ظاهر ساده، که از نیاز اولیه برای تأمین کود سرچشمه گرفته‌اند، بیانگر درک عمیقی از تعادل بوم‌شناختی و تعامل ظریف بین انسان و محیط‌زیست هستند. طرح‌های پیچیدهٔ آن‌ها که در طول قرن‌ها تکمیل شده، احترام عمیق به دنیای طبیعی و همزیستی هماهنگ با ساکنان آن را منعکس می‌کند.

تاب‌آوری کبوترخانه نه‌تنها در ساختار فیزیکی آن، بلکه در انعطاف‌پذیری آن در برابر شرایط متغیر نهفته است. مثلاً این واقعیت ساده را در نظر بگیرید که این بناها به‌عنوان ابزار کشاورزی پیدا شدند اما امروز ظرفیت تبدیل شدن به منابع انرژی تجدیدپذیر و اکوتوریسم را دارند. کبوترخانه این ظرفیت را دارد که برای نسل‌های آینده همچنان در نقش‌های تازه به خدمت بشر درآید، منبع الهام هنرمندان و موضوع تحقیق پژوهشگران باشد، مایهٔ کیفیت‌بخشی به فضاهای زیستی باشد، یا بستر تولیدات جدید اقتصادی، مثلاً تولید گوشت کبوتر یا کودهای غیرشیمیایی شود.

همچنان که با چالش‌های دنیای به‌سرعت در حال تغییر مواجه هستیم، درس‌های نهفته در کبوترخانه، بینش ارزشمندی برای ساختن آینده‌ای پایدارتر و انعطاف‌پذیرتر به ما ارائه می‌دهد. کبوترخانه باتوجه‌به عناصری مانند چاره‌جویی، خودبسندگی و همزیستی با طبیعت ساخته می‌شده است و این خود نقشه‌ای را برای بنا کردن جهانی ارائه می‌دهد که در آن تأمین نیازهای بشر با حفظ سیارهٔ ما مترادف باشد.

کبوترخانه یادآور توانایی ما در ایجاد سازه‌هایی است که نه‌تنها کاربردی هستند، بلکه ازنظر زیبایی‌شناختی دلپذیر و ازنظر بوم‌شناختی سالم هستند. این چراغ امیدی است که نشان می‌دهد ما می‌توانیم با طبیعت

در هماهنگی زندگی کنیم؛ نه در مقام فاتحان، بلکه در مقام شرکایی در یک سفر مشترک به سوی آینده‌ای پایدار. آرتور پوپ[1]، ایران‌شناس و مورخ هنرِ برجستهٔ آمریکایی، در توصیف کبوترخانه‌هایی که در ایران دیده است، آن‌ها را متروک اما «باشکوه» توصیف می‌کند.[2] این شکوه فراموش‌شده، با نگاه تاب‌آورانه به این عناصر معماری سنتی ایران، امروز باری دیگر قابل احیا و بازسازی است.

1 Arthur Upham Pope

۲ **سیری در هنر ایران**؛ آرتور پوپ و فیلیپ آکرمن، ترجمهٔ نجف دریابندری، انتشارات علمی فرهنگی

کبوترخانه‌ها الگوی تعامل تاب‌آورانه با طبیعت

دربارۀ نویسنده

سعید هادی‌زاده کاخکی که اصالتش به جنوب خراسان برمی‌گردد، در سال ۱۳۵۳ در تربت حیدریه واقع در خراسان رضوی به دنیا آمد. او در دوسالگی به شهر مشهد مهاجرت کرد و دوران کودکی و نوجوانی را در این شهر به سر برد. در سال ۱۳۷۲ مقارن با ورودش به دانشگاه، پا به رشته و دانشکده‌ای گذاشت که مطلوب‌ترین انتخاب برای او بود؛ معماری دانشکدۀ هنرهای زیبای دانشگاه تهران. او هنوز بعد از سال‌ها، معماری را نه یک رشتۀ تحصیلی و شغلی، بلکه دریچه‌ای برای نگاه به زندگی و درک آن می‌بیند. نوع آموزش و رویکردی که در دانشگاه وجود داشت، دانشجویان را به درک و رشد نسبی و متنوع از موضوعات پیرامون

رهنمون می‌شد. سعید به دلیل سفرهای متنوعی که از الزامات آموزش و شناخت معماری بود، با فعالیت‌های جمعی خو گرفت. او به دلیل سفرهای داخلی و خارجی که داشت، با مقولاتی مانند برنامه‌ریزی، زمان‌بندی، ارتباط جمعی و سازمانی، اولویت‌شناسی و اقسام متنوعی از مهارت‌های دیگر آشنایی پیدا کرد.

این قابلیت‌ها به علاوهٔ اعتقاد به اینکه آموزه‌های دانشگاه هرگز به قدر کافی باعث تسلط بر مقولات تخصصی و فنی نمی‌شود، سعید را به سمت پژوهش‌های شخصی سوق داد؛ پژوهش‌هایی که در چارچوب‌های کهنه و صُلب متداول نبود و با هدف گشودن راه‌هایی برای حل واقعی و کاربردی مسائل انجام می‌شد.

در پی زلزلهٔ سال ۱۳۷۶ در منطقهٔ زیرکوه قائنات، سعید با به راه انداختن حرکتی جمعی و سفر به منطقه در مورد اثرگذاری زلزله بر ابنیه، بافت و فضاهای جمعی، بررسی‌هایی فنی و کارشناسی صورت داد. ماحصل این حرکت، برپایی نمایشگاهی شد که علاوه‌بر استقبال عمومی، تحسین متخصصان فنی ساختمان و رشته‌های سازه و زلزله را هم در پی داشت.

سعید با پیگیری این فعالیت، طرح انجام پژوهش‌هایی با سرفصل آسیب‌شناسی معمارانهٔ زلزله را در دانشگاه تهران، با حضور اساتید تراز اول، به تصویب و سپس به انجام رساند. این سرفصل، یعنی نگاه معمارانه به زلزله بعدتر جان بیشتری گرفت و به یکی از مقولات مهم مباحث زلزله‌شناسی تبدیل شد.

سعید در اثر یک اتفاق ساده با مقولهٔ کبوترخانه آشنا شد. موضوعی که در عین قرار گرفتن در مقولهٔ معماری پایدار، ناشناخته و مهجور بود. این فرصت بدیع و عالی مجالی شد که محقق جوان، تمام

همـت، تـوان و تجربه‌هـای قبلـی‌اش را بـه کار بگیـرد و پـا بـه دنیایـی ناشـناخته بگـذارد. موضوعـی کـه علی‌رغـم داشـتن ریشـه‌های عمیـق و نمونه‌هـای ارزشـمند در معمـاری بومـی سـرزمین ایـران، کمتریـن انعکاسـی در منابـع و سرفصل‌هـای آموزشـی نداشـت. بـه رسـم معهـود و پـس از شـناخت اولیـه، بـا تهیـۀ پیشـنهاده، سعید سـعی در جلب مخاطب و پشـتیبان بـرای انجـام پژوهشـی تمام‌عیار کـرد. پاسـخ اما در بالاترین سـطوح متولیـان، یعنـی سـازمان میـراث فرهنگـی و گردشـگری ـ در عیـن اقـرار بـه اهمیـت و ضـرورت تحقیـق در ایـن موضـوع ـ سـرد و منفعلانـه بـود. محقـق جـوان، سـخت‌گیر و سـخت‌کوش کمـر همـت بسـت و در قالب پژوهشـی میدانـی و مفصل و سه‌سـاله و بـا هزینـۀ شـخصی، در قالـب پایان‌نامـۀ کارشناسـی ارشـد خـود، بـه برداشـت میدانـی، ترسـیم و ارائـۀ دسته‌بندی‌ای از کبوترخانه‌هـای ایـران مبـادرت کـرد. نتیجـۀ ایـن مطالعـات و جمع‌آوری مسـتندات، در قالب گونه‌شناسـی جامعـی از ایـن بناهـای ارزشـمند تدویـن شـد. مسـتندات بی‌بدیلـی کـه در آن زمـان فراهـم شـد، اکنـون و پـس از سـال‌ها کـه بسـیاری از ایـن بناهـای فوق‌العـاده در پـی تغییـر سـبک زندگـی مـردم و بی‌توجهـی متولیـان بـرای همیشـه از بیـن رفته‌انـد، ارزشـی صدچنـدان پیـدا کـرده اسـت. ایـن پژوهـش، به‌عنـوان پژوهـش فرهنگـی سـال مـورد تقدیـر رئیس‌جمهـور وقـت قـرار گرفـت و بعدتـر انعکاسـی از ایـن مطالعـات بـا رویکـردی شـناختی و ترویجـی و بـا عمـق تخصصـی همه‌فهـم، در قالـب کتابـی توسـط سـعید هـادی‌زاده تألیـف شـد.

محقـق مـا پـس از سـال‌ها و در میان‌سـالی هنـوز دغدغـۀ بناهـای به‌جامانـده را دارد، هنـوز بـه سـفرهای کبوترخانـه‌ای مـی‌رود و عکاسـی می‌کنـد، بـه جـام

کبوترخانه‌ها

جهانی فوتبال پیشنهاد ساخت باغ کبوترخانهٔ ملل را می‌دهد؛ به والت دیزنی پیشنهاد سناریوی کارتون المپیجن (المپیک کبوتران) مبتنی بر معماری و سازوکار حاکم بر فعالیت کبوترخانه را می‌دهد، با انواع مخاطبان در خصوص جانمایی، طراحی و ساخت کبوترخانه گفت‌وگو می‌کند، به کنگره‌های جهانی معماری مقاله می‌دهد و به معرفی این بناهای باارزش می‌پردازد و در رؤیای خود به تأسیس دفتر مشاوره‌ای می‌اندیشد که به ده‌ها و صدها نقطه در دنیا و با دلایل و تم‌های مختلف پیشنهاد ساخت کبوترخانه بدهد.

اگر به این موضوع علاقه‌مند شده‌اید و می‌خواهید بیشتر بدانید و یا با وی در این راه هم‌قدم شوید، به صفحهٔ کبوترخانه‌ساز (@pigeontowerbuilder) در اینستاگرام سر بزنید و یا با او مکاتبه کنید.

راه‌های ارتباط با نویسنده:

@pigeontowerbuilder
saeedhadizadehkakhki@gmail.com

فراموشی و تاب آوری

لیلا هیرمند

فراموشی و تاب‌آوری
لیلا هیرمند
کارشناس امور مالی و کارگزار بیمه و سرمایه‌گذاری

از بلندپروازی تا پرواز

در نوجوانی کمی بلندپرواز بودم. آینده برایم مهم بود و با فکر کردن به آن هیجان‌زده می‌شدم. اما در همان زمان احساس می‌کردم محیط اجتماعی اطرافم کمی نامتعارف و نامنصف است؛ انگار بعضی چیزها سر جای خودشان نبودند. شاید برای همین بود که گه‌گاه به تغییر محل زندگی‌ام فکر می‌کردم.

بااین‌همه دوران کودکی و نوجوانی خوبی داشتم و خاطرات شیرین بسیاری از آن زمان در ذهنم باقی مانده است. تمام جزر و مدهای آن دوران اکنون به نظرم طبیعی می‌آیند؛ این شاید به دلیل حس پذیرشی است که همیشه در وجودم بوده و هنوز هم هست. البته نوسانات روحی و خلقی‌ای را که طبیعتاً برای همه در سنین نوجوانی شکل می‌گیرد نمی‌توانم فراموش کنم. در ابتدای جوانی، حدود ۱۸سالگی، تصمیم گرفتم برای تحصیل به مالزی بروم. با چند وکیل و مؤسسۀ آموزش زبان هم صحبت کرده بودم، ولی چنین سفری مستلزم سطح پذیرش بالای خانواده، دانش زبان انگلیسی و افکار سوق‌دهندۀ بسیار قوی از سوی خودم بود. متأسفانه من از همۀ این ویژگی‌ها بی‌بهره بودم، به‌جز ویژگی آخر یعنی افکار سوق‌دهنده. ناگزیر از فکر ادامۀ تحصیل در خارج از کشور منصرف شدم و آن را جایی در پس ذهنم مخفی کردم.

تازه وارد دانشگاه شده بودم و مترجمی زبان انگلیسی می‌خواندم. اواخر سال اول دانشگاه بود که ازدواج کردم و بعد از اتمام درسم بچه‌دار شدم. بعدها نیز به تحصیل در رشتهٔ روان‌شناسیِ آموزش ادامه دادم.

بعد از ازدواج و تا قبل از تولد فرزندم هرگز به مهاجرت فکر نکرده بودم، اما وقتی فرزندم کمی بزرگ‌تر شد، برای تأمین آینده‌ای بهتر، همراه با همسر سابقم دست به چنین اقدام بزرگ و مبهمی زدیم. اگر شرایط پیچیدهٔ بعد از مهاجرت را انکار کنم دروغ گفته‌ام؛ شرایطی اجتناب‌ناپذیر که برای هر تازه‌واردی به وجود می‌آید. به نظر من با مهاجرت تمام لایه‌های پنهان خانوادگی، اجتماعی و فرهنگی کنار می‌رود و به مرور زمان چیزی برای مخفی کردن باقی نمی‌ماند. این در مورد رابطهٔ بین همسران نیز صدق می‌کند؛ هر دو شروع می‌کنند به پوست‌اندازی. هر چقدر هم که هم‌سو باشند و با یک هدف مشترک مسیر را آغاز کرده باشند، باز هم به همان علت که ذکر کردم، اختلاف‌سلیقه‌ها که بعضاً ریشه در زمان گذشته دارند بیشتر نمودار می‌شوند و می‌توانند منجر به جدایی شوند. این برای من اتفاق افتاد؛ تصمیمی که درنهایت فرازونشیب‌های خودش را داشت. سخت بود ولی آموزنده گذشت.

من دختر پرتلاش، مسئولیت‌پذیر و سرسختی بودم؛ به‌گونه‌ای که به‌سختی می‌توانستم از دیگران انتظار کمک داشته باشم و به‌تازگی، بعد از حدود ۴ دهه زندگی، به این واقعیت پی برده بودم که گاهی برای پیشبرد اهداف شخصی، البته از نوع سازنده، باید به دیگران اجازه بدهم که دلشان کمی برایم بسوزد و یاری‌ام دهند.

فصلی نو

در روند جدایی از همسر سابقم بسیار آموختم. اصلاً انگار این اتفاق باید در زندگی من می‌افتاد و نقطهٔ عطفی می‌شد تا خودم را بهتر بشناسم، توانایی‌های بالقوه‌ام را کشف کنم و سعی در بالفعل کردن آن‌ها داشته باشم.

نه همسر سابقم انسان بدی بود و نه من انسان بدی بودم، ولی انگار در کنار یکدیگر حالمان خوب نبود. اما هر دو یک سرمایهٔ مشترک داشتیم که اجازه نمی‌داد چنین تصمیمی را یک‌شبه بگیریم: فرزندی از جنس شعور، معرفت و مهربانی مطلق.

هر دو بسیار محترمانه و عاقلانه و به دور از جنگ و جدل، باتوجه‌به شرایط سنی، روحی و شخصیتی فرزندمان آرام‌آرام از یکدیگر فاصله گرفتیم و جدا شدیم.

بزرگ‌ترین درسی که از داستان جدایی‌ام، که ریشهٔ آن از قبل از مهاجرت رشد کرده بود و با تنیده شدن مهاجرت به دور تنهٔ آن بالا گرفته بود، گرفتم این بود که احساسات متفاوت من در زندگی چقدر می‌تواند به این بستگی داشته باشد که چگونه و با چه زاویه‌ای به پیرامونم می‌نگرم.

گذر زمان را دستِ کم نگیر

زمان زیادی را با پسرم می‌گذراندم؛ به اندازهٔ همان زمانی که باید به‌سختی کار می‌کردم. با او می‌خندیدم، لحظاتم را با وجودش شیرین می‌کردم و هرگز اجازه نمی‌دادم از دلواپسی‌ها و خستگی‌هایم بویی ببرد. شوخی نبود، من بودم و آینده و دیگر هیچ.

اوایل سال ۲۰۲۰ بود که یک بیماری همه‌گیر و فلج‌کننده داشت در دنیا شیوع پیدا می‌کرد و زندگی مردم را تحت تأثیر قرار می‌داد. من هم از این تأثیر مستثنا نبودم. مدارس جزء اولین مراکزی بودند که با اعلام رسمی تعطیل شدند و این باعث شد دانش‌آموزان و معلمان همه با هم خانه‌نشین شوند.

این خانه‌نشینی تا چند ماه اول پرهیجان به نظر می‌رسید. دورکاری برایم تجربۀ جدیدی بود، ولی کم‌کم داشت کسل‌کننده می‌شد. احساس می‌کردم باید خودم را بیشتر مشغول کنم. از کالج معلمی انتاریو[1] تعدادی دورۀ آموزشی برداشتم و برای یک سال مشغول به تحصیل شدم. بعد از اتمام دوره هرگز به مدرسه بازنگشتم و اینکه چرا و چگونه چنین تصمیمی گرفتم هنوز برای خودم هم مبهم است.

در همان زمان بود که با یکی از دوستان نه‌چندان نزدیکم به‌صورت کاملاً اتفاقی روبه‌رو شدم. فردی موفق و باتجربه که هیچ‌گاه کاری را بدون بررسی و مشورت با اشخاصی که در آن زمینه صاحب‌نظر بودند انجام نمی‌داد. من هم فرصت را غنیمت شمردم و با او گرم صحبت شدم. گویی فردی را که نیاز داشتم ایده‌هایم را تأیید کند پیدا کرده بودم.

از دید من، در کشور غریب یکی از بهترین روش‌هایی که کمک می‌کند اطلاعات به دست بیاوریم، برنامه‌ریزی داشته باشیم و بتوانیم برای آینده هدف‌گذاری کنیم، مراجعه به افرادی است که برای مدتی طولانی آنجا زندگی کرده‌اند و با حسن نیت، تجاربشان را در اختیارمان قرار می‌دهند.

---

1 Ontario College of Teachers

به دوستم گفتم که درزمینهٔ آموزش تحصیل کرده‌ام و در کانادا مدتی در مدرسه مشغول به کار بوده‌ام؛ یک مادر تنها هستم که باری از مسئولیت‌ها بر دوش دارم. از او خواستم که درزمینهٔ کسب درآمد بیشتر و امن‌تر مرا راهنمایی کند. بهترین و جامع‌ترین توصیهٔ او این بود که تنها در پی هرآنچه که به آن علاقه دارم بروم و حرفهٔ کاری خودم را بسازم.

سیستم مالی در آمریکای شمالی و به‌خصوص در کانادا این‌گونه ایجاب می‌کند که افراد پس از مدتی کوتاه و حتی گاهی بلند، به این نتیجه می‌رسند که هرچه زودتر شغل موردعلاقهٔ خودشان را راه بیندازند تا هم از نظر روحی و هم از نظر مالی پیشرفت سریع‌تری داشته باشند و به‌صورت کاملاً مستقل، بدون کوچک‌ترین وابستگی به نظر کارفرما، حرفه‌شان را جلو ببرند.

چرا کار در زمینهٔ مالی را انتخاب کردم؟

دغدغهٔ مالی یکی از مهم‌ترین و اساسی‌ترین عوامل در پیشبرد اهداف زندگی است. از همان دوران کودکی، هر زمان که تقاضای چیز کوچکی از والدینمان داریم و آن‌ها تمام تلاششان را می‌کنند تا ازلحاظ مالی و پولی آن را برایمان مهیا سازند، می‌توان به اهمیت مفاهیمی چون کسب درآمد، پس‌انداز و سرمایه‌گذاری پی برد. این یک واقعیت است که نیازهای مالی ما با رشد جسمی و عقلی‌مان افزایش پیدا خواهند کرد و هرچه استقلال فردی بیشتری داشته باشیم به دنبال استقلال مالی بیشتری نیز خواهیم بود. این تأثیر در برخی از افراد زودتر و در برخی دیگر دیرتر رخ خواهد داد. مهم این است که دیر یا زود باید به اهمیت این موضوع پی ببریم و

برای آیندهٔ مالی خود و هرکسی که در قبالش مسئولیتی داریم کاری انجام دهیم.

نکته اینجاست که در مدیریت پول و مدیریت بحران‌های وابسته به پول، زمان نقش اصلی را ایفا می‌کند. اگر مفهوم «زمان» را در کنار مفهوم کسب‌وکار، درآمد و پس‌انداز قرار دهیم، «زمان» در سنین کودکی -با در نظر گرفتن اهرم والدین- نسبت به سنین جوانی و در سنین جوانی نسبت به میان‌سالی و در میان‌سالی نسبت به کهن‌سالی ارجحیت دارد و ارزشمندتر است. اگر بخواهم به‌صورت خلاصه بیان کنم، ارزش مفهوم زمان برای برنامه‌ریزی‌های مالی در سنین پایین بیشتر خواهد بود.

چالش پرش از مانع خجالت

البته که همهٔ افراد نقاط قوت و به همان نسبت نقاط ضعف دارند. من می‌خواهم دربارهٔ خودم صحبت کنم. در کسب‌وکاری شبیه به کسب‌وکار خودم و یا کسب‌وکارهای متفاوت، افرادی را می‌دیدم که ماهرانه، با تسلط کامل و بدون احساس شرم و خجالت، توانایی‌ها و مهارت‌هایشان را به دیگران معرفی می‌کردند. این افراد برایم تحسین‌برانگیز بودند.

داشتن اعتمادبه‌نفس بالقوه کافی نبود. باید آن را بالفعل می‌کردم. این اشاره‌ای است به نقطه‌ضعف خودم: داشتن اعتمادبه‌نفس ولی از نوع بالقوه.

وقت عمل فرارسیده بود. حضور، بیان و حرکت، هر سه از عواملی بودند که در پیشبرد اهداف شغلی، مهارتی و افزایش درآمد شدیداً به آن‌ها نیاز داشتم. غیر از این هم نباید می‌بود.

فراموشی و تاب‌آوری

همیشه می‌دیدم و می‌شنیدم که قدرت بیان در معرفی و ارائهٔ مهارت‌ها جزء جدانشدنی موفقیت شغلی است، ولی هرگز آن را از نزدیک لمس نکرده بودم.

تازه کارم را شروع کرده بودم. در کارم همراه با آموزش و کمی تجربه، شاید می‌توانستم قدم‌هایی بردارم ولی نه به‌گونه‌ای که اثربخش و قوی باشند. بنابراین با یک گروه تبلیغاتی قرارداد بستم و در حرکتی بسیار بی‌سابقه، در فضای مجازی از خودم و مهارت شغلی‌ام رونمایی کردم. هفتهٔ اول خیلی سخت گذشت، طوری که احساس می‌کردم دارم خودنمایی می‌کنم، درصورتی‌که اصلاً این‌طور نبود. این دوره و زمانه، دورهٔ حضور در جامعه است. اگرچه کمی دیر متوجه شدم، ولی بالاخره به این موضوع پی بردم. نکته از دید من اینجاست: پیشرفت شغلی بدون ارائه و معرفی شکست خواهد خورد. البته این معرفی باید بدون بزرگ‌نمایی بیش‌ازحد باشد تا به نتایج بلندمدت منتهی شود. این روزها چگونگی کسب‌وکار طوری نقش اصلی را در میزان احساس رضایت از زندگی بازی می‌کند که اگر غیر از این باشد، ذهن شروع به منفی‌بافی می‌کند و از مسیر اصلی رسیدن به اهداف مالی، تحصیلی و حتی شناختی و معرفتی دور می‌ماند. پس چه بهتر که به‌محض راه‌اندازی کسب‌وکار، از همان ابتدا و بدون اتلاف وقت، شبکه‌ای ارتباطی جهت ارائهٔ محصول یا خدماتمان بسازیم و آن را گسترش دهیم. ایجاد این شبکه و در ادامه، تبلیغ و ترویج آن البته که مستلزم هزینه، وقت و انرژی بسیاری است، اما برای رسیدن به موفقیت نیازمند انجام آن هستیم.

در آخر از خودم می‌گویم که بالاخره از مانع درون به بیرون پریدم.

درون‌گرا بودن من برای اهداف شغلی‌ام یک مانع محسوب می‌شد. از حضور در جمع و همچنین فضای مجازی شروع کردم. آهسته بود، ولی پیوسته. من بالاخره توانستم از مانعم پرش کنم.

هالۀ شکرگزاری

شاید کم‌وبیش به این باور داشته باشیم که درنهایت همه چیز درست خواهد شد. در لحظات پیچیدۀ زندگی، یا همه چیز را می‌پذیریم و ادامه می‌دهیم یا نمی‌پذیریم، غصه می‌خوریم و بد و بیراه می‌گوییم، ولی باز هم ادامه می‌دهیم. در پایان خواهم گفت که این دو رویکرد متفاوت در آینده و پس از گذراندن چالش‌ها چه تأثیری روی حافظۀ ذهنی‌ام داشته است.

نمی‌دانم چرا به یاد نمی‌آورم که مسائل را نپذیرفته باشم، اگرچه بسیار سخت و حتی چالش‌برانگیز باشند. اعتقاد من بر این است که نپذیرفتن یعنی اعلان جنگ با دنیای بیرون. البته که پذیرفتن، نجنگیدن و ظاهراً آرام به جلو حرکت کردن بسیار سخت‌تر از نپذیرفتن، درگیر شدن و هیجانی عمل کردن است. از دید من اولی انرژی و زمان بیشتری نیاز دارد ولی دومی در لحظه و بدون صرف انرژی، یک‌دفعه اتفاق خواهد افتاد؛ بدون بررسی تأثیری که بر خودمان یا دیگران خواهد گذاشت.

نکته فقط اینجاست که موقعیت اول در بلندمدت جواب خواهد داد ولی موقعیت دوم هرگز به نتیجه نخواهد رسید و در بهترین حالت ازلحاظ روحی و روانی منجر به آسیب خواهد شد.

من هر دوی این موقعیت‌ها را در زندگی تجربه کرده‌ام، ولی

چیزی که به من ثابت شده این است که سپاس‌گزار بودن در هر ثانیه از زندگی، مصداق پذیرفتن است. من لحظات سختی را همراه با دست‌وپنجه نرم کردن با بیماری‌های جسمی، گهگاهی چالش‌های مالی و از همه پرپیچ‌وخم‌تر، چالش‌های عاطفی، تجربه کرده‌ام، ولی هرچه فکر می‌کنم جزئیات هیچ‌کدام را به خاطر نمی‌آورم و این حسی است که بسیار دوست دارم و برایم لذت‌بخش است.

تصور می‌کنم هر بار که مسئله‌ای پیچیده در زندگی‌ام به وجود آمده، در همان ثانیهٔ اول، هاله‌ای در ذهنم روی آن را پوشانده تا اجازه ندهد که دوباره در آینده به‌راحتی به آن برگردم، آن را به خاطر بیاورم و حتی جزئیاتش را مرور کنم. اسم آن هاله در ادبیات من «شکرگزاری در لحظه» است.

فراموشی و تاب‌آوری

دربارۀ نویسنده

لیلا هیرمند کارشناس امور مالی و کارگزار بیمه و سرمایه‌گذاری است. رسالت اولیۀ او آموزش به افراد و خانواده‌ها در جهت ارتقای اطلاعات مالی آن‌هاست، به‌گونه‌ای که در جلسۀ نخست دربارۀ نیازها و اهداف مالی با آن‌ها گفت‌وگو می‌کند و بعد از بررسی و تحلیل اطلاعات به‌دست‌آمده، بر اساس نیاز و بودجۀ مد نظر آن‌ها برنامه‌های متفاوت مالی پیشنهاد می‌کند. او برنامه‌هایی از قبیل راه‌اندازی انواع حساب‌های سرمایه‌گذاری و پس‌انداز با سوددهی بالا در امن‌ترین حالت ممکن و بر اساس میزان ریسک‌پذیری فرد طراحی می‌کند و انواع حمایت‌های مالی و پزشکی را در قالب انواع بیمه در نظر خواهد گرفت.

لیلا دارای مدرک برنامه‌ریزی مالی برای تحصیل فرزندان و دریافت اسکالرشیپ (بورسیه)[1] است و به‌صورت تمام‌وقت درزمینهٔ امور مالی فعالیت می‌کند.

او در ماه آگوست سال ۲۰۲۳ بین یک تیم ۱۰۰نفره جزء پنج نفر برتر درزمینهٔ سرمایه‌گذاری و در ماه سپتامبر همان سال جزء سه نفر برتر در همین زمینه بوده و برای کسب این موفقیت‌ها برندهٔ جایزه شده است.[۲]

او تحصیلات کارشناسی خود را در رشتهٔ مترجمی زبان انگلیسی در دانشگاه اصفهان به پایان رسانده و در مقطع کارشناسی ارشد در رشتهٔ روان‌شناسیِ آموزش در همان دانشگاه ادامهٔ تحصیل داده است. او همچنین در دورهٔ آموزش مربی‌گری کودکان[۳] در کالج ECE [۴] شرکت کرده و مدرک دورهٔ آموزشی بیمهٔ عمر[۵] را از کالج Durham [۶] دریافت کرده است.

علایق فردی او به‌طور معمول پیاده‌روی‌های طولانی‌مدت[۷]، انواع بازی‌های کارتی[۸] به همراه فرزندش و مطالعه است. او برای رفع استرس‌هایی که در زندگی با آن‌ها مواجه می‌شود، از فعالیت‌هایی مانند آشپزی، شیرینی‌پزی و پیاده‌روی کمک می‌گیرد.

راه‌های ارتباط با نویسنده:

1 RESPDAC Dealing Representative Proficiency
2 https://m.facebook.com/profile.php?id=100082845009055&__n=K
3 Early Childhood Education
4 College of Early Childhood Educators: ECE
5 HLLQP License
6 Durham College
7 Hiking
8 Card Games

تاب‌آوری در دنیای همیشه در تغییر

✉ lhirmand@gmail.com
📞 647-674-3116
📷 leilahirmand.finance

خواستن برخاستن است

لیدا یوسفی

خواستن برخاستن است

لیدا یوسفی

کارآفرین، مدرس شکوفایی و توسعهٔ فردی و آلفا، کوچ زندگی، منتور

شام آخر

همیشه با دوری بچه‌ها از خانواده مخالف بودم، اما نمی‌دانم چرا خودم پیشنهاد دادم که اگر دوست دارند در یک کشور دیگر تحصیل کنند. هر دو استقبال کردند و بعد از مدت کوتاهی به آنکارا رفتند. حدود یک سال آنجا بودند و درس می‌خواندند تا اینکه کووید شیوع پیدا کرد و همه‌جا قرنطینه اعلام شد. با همسرم تصمیم گرفتیم در روزهای قرنطینه بچه‌ها کنارمان باشند. به‌سختی توانستیم آخرین پروازی را که از کشور خارج می‌شد، برای بچه‌ها بگیریم. بچه‌ها دقیقاً روز اول فروردین سال ۱۳۹۹، بعد از تحویل سال، به ایران رسیدند. در مدت قرنطینه تمایلمان برای دیدار فامیل و دوستان بیشتر شده بود و اگر مقدور نمی‌شد کسی را حضوری ببینیم، با او تماس تصویری می‌گرفتیم.

آخرین شب قرنطینه بود. از فردا همه‌جا باز می‌شد و زندگی دوباره به روال عادی برمی‌گشت. همسرم با داماد دایی‌اش و برادرهایش تماس گرفت و درخواست کرد دور هم باشیم و تأکید کرد: «امشب مهمونیِ خداحافظیه.»

تا نیمه‌شب با میهمانان و فرزندانم شیطنت کردیم و خندیدیم. بعد از رفتن همه، یک ساعتی مطالعه کردم. وقتی به اتاق خواب رفتم

همسرم عمیقاً در خواب بود. آن‌قدر عاشقش بودم که با هر نفسش خدا را شکر می‌کردم. ساعت ۵ صبح بود که خوابم برد. عادت داشتم هر روز صبحانه و لباس آن روزِ همسرم را آماده کنم. ساعت هشت صبح همه چیز آماده بود. همسرم دوش گرفت و بعد از یک ماه، آمادهٔ رفتن به محل کارش شد. به او گفتم: «خیلی خسته‌م، اگه اشکالی نداره برم کمی بخوابم.» روی تخت بودم که یک لحظه تمام وجودم همسرم را تمنا کرد. برخاستم، به سمتش رفتم، بغلش کردم، بوسیدمش و برایش روز خوبی آرزو کردم و دوباره به تخت برگشتم.

پیمانهٔ زندگی

هنوز همسرم نیامده بود. با تلفن صحبت می‌کردم که یک لحظه احساس کردم قلبم از حرکت ایستاد و نفس کشیدن برایم سخت شد. به ساعت نگاه کردم؛ دو و ده دقیقهٔ بعدازظهر بود. به‌سرعت تماسم را قطع کردم و شمارهٔ همسرم را گرفتم، اما کسی پاسخ نمی‌داد. دلشوره امانم را بریده بود. با مادرشوهرم تماس گرفتم. بعد از احوال‌پرسی پرسیدند: «محسن امروز رفت سر کار؟» دنیا روی سرم خراب شد. طوری که نگران نشوند تماس را قطع کردم. به پسرم گفتم مدام شمارهٔ همسرم را بگیرد. خودم هم لباس پوشیدم و به‌سرعت از خانه بیرون رفتم. سوار ماشین شدم تا بتوانم همسرم را پیدا کنم. پسرم با من همراه شد و مدام می‌پرسید: «مادر، چرا انقدر نگرانی؟» خودم هم نمی‌دانستم، فقط زمزمه می‌کردم: «خدایا، اتفاق بدی نیفتاده باشه.»

نمی‌دانم چطور، ولی یک‌راست به محلی رفتیم که ماشین همسرم آنجا پارک شده بود. پسرم باورش نمی‌شد و می‌گفت: «مادر، از

کجا می‌دونستی؟» باز هم جوابی نداشتم.

وقتی به ماشین نزدیک شدیم، همسرم را با چشم باز و بدن کبود، درحالی‌که گوشی‌اش در دستش بود، بی‌حرکت دیدم. فریاد می‌زدم و اشک می‌ریختم. پسرم به شیشه‌های اتومبیل ضربه می‌زد و پدرش را صدا می‌کرد. به اورژانس خبر دادیم و کمک خواستیم. به برادرشوهرم هم اطلاع دادیم. منزل برادرشوهرم با محل حادثه دو دقیقه فاصله داشت. از رهگذرها تقاضای کمک می‌کردم. آقای محترمی به ما نزدیک شد و با ضربه‌هایی که به‌وسیلهٔ جسم محکمی به شیشهٔ ماشین می‌زد، سعی داشت شیشه را بشکند. ده دقیقه طول کشید تا شیشهٔ عقب ماشین شکست و همسرم را از ماشین بیرون آوردند. وقتی بغلش کردم بدنش گرم شد، اما نفس نمی‌کشید. فاصلهٔ بیمارستان تا محل وقوع حادثه فقط سه دقیقه بود، اما اورژانس بعد از نیم ساعت رسید. دیوانه‌وار در خیابان می‌دویدم و از رهگذرها کمک می‌خواستم.

همسرم را به بیمارستان منتقل کردند. به‌خاطر شرایط کووید اجازه ندادند بیشتر از دو دقیقه داخل اتاقش بمانم. بغلش کردم و از او خواهش کردم که مرا ترک نکند. پشت در اتاق خدا را صدا می‌زدم و مرد نازنینم را از او می‌خواستم. بعد از نیم ساعت خانمی از اتاق بیرون آمد. احوال همسرم را جویا شدم و وحشتناک‌ترین جملهٔ دنیا را شنیدم: «اکسپایر شد.»

دنیا بر سرم خراب شد. قلبم تیر کشید. نمی‌دانستم چه‌کار کنم. خدا را صدا زدم و گفتم: «چرا؟ چرا من؟ چرا من که از شادی همه شاد بودم؟ با عشق همه عاشقی می‌کردم؟ با صعود همه رشد

می‌کردم؟ برای درد همه درمان بودم...؟» شکستم و کف بیمارستان روی زمین نشستم. توان حرکت نداشتم.

تمام خاطرات، از روزی که دیده بودمش تا آن روز مثل یک فیلم روی دور تند در ذهنم مرور می‌شد و مرا دیوانه می‌کرد. یعنی می‌شد؟ دنیا بدون مرد من؟ قرار بود با هم پیر شویم، لاک قرمز بزنم، دست‌هایم را بگیرد و با هم قدم بزنیم. قرار بود توی یک باغ زیبا با دوستانمان چند تا سوئیت بسازیم و کنار هم زندگی کنیم تا زمان پیری زحمتی برای فرزندانمان نباشیم. می‌گفت دیگر فقط سفر می‌رویم و استراحت می‌کنیم. پس آن‌همه وعده چه شد؟ همه حباب شد و ترکید.

بچه‌هایم اشک می‌ریختند. مرا بغل کرده بودند و پدرشان را صدا می‌زدند، اما دیگر تمام شده بود. پیمانهٔ زندگی پدر لبریز شده بود. پدر دیگر جواب نمی‌داد.

بلند شدم. وقت نبود. توی بیمارستان دنبال جایی می‌گشتم که اعضای بدن همسرم را اهدا کنم. به هم قول داده بودیم هرکس زودتر رفت، اعضای بدنش اهدا شود. اما نشد، چون همان موقع که قلب من برای لحظه‌ای از حرکت ایستاد، عزیز دل من هم قلبش از حرکت ایستاده بود و دیگر عضوی به کار نمی‌آمد.

امید

شنیده بودم ممکن است روح به بدن شخص مرده برگردد، بنابراین هنوز هم امیدوار بودم.

وقتی به خانه رسیدیم، کوچه پر بود از عزیزانی که با ناباوری برای

همدلی جمع شده بودند. همه چیز واقعیت داشت و عشق من پرواز کرده بود. هنوز همسرم را به خاک نسپرده بودیم که سرتاسر کوچه و خانه پر شد از گل‌ها و بنرهایی که آن‌ها را همدلانه و محترمانه به روح عزیز من هدیه کرده بودند.

خانواده و یارانِ جان لحظه‌ای مرا تنها نمی‌گذاشتند. هرکس که وارد می‌شد خاطره‌ای را زنده می‌کرد. برای همه حرفی برای گفتن داشتم. برای داشتن تک‌تک آدم‌هایی که کنارم بودند خدا را شکر می‌کردم. چقدر به حضور این آدم‌ها احتیاج داشتم.

پدر و مادر همسرم قدرت حضور در منزل مرا نداشتند، بنابراین صبح تا غروب در منزل خودم پذیرای مهر دوستان بودم و از غروب به بعد در منزل پدرشوهرم.

معجزه

روزهای سختی بود. روز خاک‌سپاری، وقتی رسیدیم همسرم شسته‌شده در تابوت آماده بود. یک ساعتی به من فرصت دادند تا با او خلوت کنم. گله کردم که چرا تنهایم گذاشته است. از خاطراتمان گفتم، برایش آواز خواندم و همه ناباورانه اشک می‌ریختند. دوربین گوشی‌ها روشن بود و عزیزان خارج از کشور هم در مراسم همراه ما بودند. هنوز منتظر بودم بلند شود. وقتی همسرم را در قعر زمین گذاشتند و با خاک روی جسم نازنینش را پوشاندند و سنگ گذاشتند، مطمئن شدم که او دیگر برنمی‌گردد. همان لحظه خدا را صدا زدم و به او التماس کردم: «حالا دیگه معجزه رو بهم نشون بده... کمکم کن که بپذیرم و ادامه بدم... دستم رو رها نکن.»

آسیب‌پذیری و تسلیم

دیگر چرایی وجود نداشت؛ باید تسلیم می‌شدم و می‌پذیرفتم. همان روز که همسرم آسمانی شده بود و من دیوانه‌وار چرا چرا می‌کردم، پسردایی‌ام برایم پیامی فرستاد که: «هیچ چرایی وجود نداره. درسته که خیلی دردناکه، اما بپذیر و تسلیم باش. این درس رشد توئه، ما همه مسافریم. فقط بلند شو.» این پیام مرا به تعمق واداشت و به خودم حکم کردم که: «بپذیر.»

روزها بسیار سخت می‌گذشت و من هر شب برای همسرم تمام ناگفته‌های آن روزها را می‌نوشتم، آخرین لباسی را که تنش بود بغل می‌کردم و با آن می‌خوابیدم. گریه‌ام بند نمی‌آمد. از من می‌خواستند جوی بچه‌هایم گریه نکنم، اما من می‌خواستم فرزندانم بزرگ‌ترین درس زندگی‌شان، یعنی آسیب‌پذیری را بیاموزند. باید می‌پذیرفتند که پدر دیگر نیست. باید تخلیه می‌شدند، ادامه می‌دادند و قبول می‌کردند که دنیا همیشه به کام ما نخواهد بود. باید برای رشدشان تلاش می‌کردند و یاد می‌گرفتند که این درد را به رنج تبدیل نکنند.

درس و استیصال

هنوز رفتن همسرم را هضم نکرده بودم که باخبر شدم همسرم درگیر ورشکستگی بوده است. احساس کردم طنابم از سقف آسمان چیده شد و با سر به زمین خوردم. خدایا، چرا همه چیز با هم؟ فریاد زدم: «خدایا، کمی امان بده.»

داشتم خفه می‌شدم. از خانه بیرون زدم تا این موضوع را هضم

کنم. از شدت فشار دوزانو روی زمین نشستم. می‌ترسیدم. همسر برادرم دست‌های مهربانش را روی شانه‌هایم گذاشت و گفت: «بلند شو، جای سوخته سبز می‌شه.» این دومین جمله‌ای بود که بعد از رفتن همسرم به من قدرت ادامه دادن داد و نقطهٔ عطف زندگی‌ام شد. برادرهای شوهرم از من خواستند بچه‌ها از این موضوع مطلع نشوند، ولی به گمان من باید می‌فهمیدند تا بدانند چگونه ادامه دهند و شرایط و جایگاهشان را در زندگی بشناسند.

چند روز بعد از خاک‌سپاری، برادر کوچک همسرم مرا صدا کرد و گفت که از زندان تماس داشته است. تمام تنم لرزید: «خدایا، دیگه چی شده؟» متوجه شدم مرد من سال‌ها زندانی آزاد می‌کرده و آن روز، آخرین نفری که اقساطش را پرداخت می‌کرده باید آزاد می‌شده. نمی‌دانستم باید خوشحال باشم یا غمگین، اما درس بزرگی گرفتم و مسیر درست را پیدا کردم؛ همسرم در اوج درد و نداری هم دست نیازمندان را می‌گرفته است.

یک شب جلوی عکس همسرم ایستادم و از او خواستم کمکم کند تا تکلیفم با خودم مشخص شود. از ترحم متنفر بودم، بنابراین بین ضعف و اقتدار، اقتدار را انتخاب کردم. ساعت‌ها با ماشین در شهر می‌چرخیدم و به خدا می‌گفتم: «دستمو رها نکن... کمکم کن بتونم ادامه بدم.»

تسویه

برادرهای شوهرم به‌اتفاق وکیل از طلبکارها زمان می‌گرفتند و به‌تدریج حساب‌ها را صفر می‌کردند. وقتی متوجه خودم شدم، دیدم همه چیز از دست رفته است. همه چیز به نام من و بچه‌ها

بود و می‌توانستیم پرداخت بدهی‌ها را قبول نکنیم، اما با همراهی برادرهای نازنین همسرم تمام چیزی را که داشتیم دادیم. ایمان داشتم که می‌توانیم دوباره بلند شویم. باید می‌پذیرفتم سهم ما از دنیا تا به اینجا همین اندازه بوده و باید از اینجا به بعد را خودمان بسازیم. این اتفاق یک جور تسویه با نفسم بود.

عموی بچه‌ها پیشنهاد داد ماشین‌ها را بفروشیم، پولش را در بانک سپرده کنیم و با سود ماهیانۀ آن زندگی را بگذرانیم. خیلی سخت بود؛ تا قبل از پرواز همسرم فقط ماهیانۀ خودم اندازۀ مبلغی بود که حالا باید به‌عنوان سود بانکی می‌گرفتیم. روزها درد می‌کشیدم و مدام دنبال راهکار می‌گشتم.

پازل قصۀ ما

سی روز گذشت و من همچنان زیر فشار بودم. بعد از مراسم، پسردایی همسرم مرا صدا کرد و گفت: «می‌دونم تو زن مدیری هستی و مطمئنم مغازه رو باز می‌کنی.»

جرقه‌ای در ذهنم خورد. حس کردم چشم‌هایم برق می‌زنند. به اتفاقی که قرار نبود دیگر رخ بدهد فکر کردم و به همه اعلام کردم که فروشگاه همسرم را باز می‌کنم. همه نگران بودند که شاید طلبکارها با باز شدن فروشگاه برای من و بچه‌ها مشکل درست کنند، اما من اعتقاد داشتم باید رشد کنم. با مسئولیت خودم فروشگاه را باز کردم.

روی سنگ مزار همسرم نوشته بودم: «آغاز قصۀ او، آغاز قصۀ ما» و قصۀ ما با تمام سختی‌هایش شروع شد. لیدایی که هیچ‌وقت بیرون از منزل

خواستن برخاستن است

کار نکـرده بـود، صبحانـه‌اش تـوی تخـت سـرو می‌شـد و کارهای خانـه‌اش را دیگـری انجـام مـی‌داد، بلند شـد و گفت: «باید بشـه!»

به‌هرتقدیـر بعـد از چهـار مـاه فروشـگاه را بـاز کـردم و سـکه‌هایی را کـه در خانـه داشـتم، به‌همـراه مبالغـی کـه در حسـاب بانکـی‌ام بـود بـه فروشـگاه انتقـال دادم. کارکنـان فروشـگاه همسـرم منتظـر بودنـد و هیچ‌جـا شـروع بـه کار نکـرده بودنـد. بـه آن‌هـا گفتـم کـه نمی‌توانـم مثـل قبـل حقـوق بدهـم، ولـی آن‌هـا پذیرفتنـد و کنـارم ماندنـد.

امـروز پنجـاه و یـک مـاه از آن قصـه می‌گذرد. مـن و فرزندانم همچنـان ادامه می‌دهیـم. هرچنـد همـه چیـز را، حتـی سـقف بـالای سـرمان را، از دسـت دادیـم، امـا خیلـی چیزها به دسـت آوردیم. ایمانمان قوی شـد، خـدا را درون خودمـان پیـدا کردیـم، پذیرفتیـم و بـاور کردیـم کـه دیـوار هرگز پایـان دنیا نیسـت، فقـط کافـی اسـت از دیـوار رو برگردانیـم تا دنیـا را دوبـاره ببینیم.

تصمیـم گرفتـم بعـد از سـی سـال دوری از درس و مدرسـه، درس بخوانـم و دیپلمـم را بگیـرم. بـا اسـاتید مختلـف دوره‌هـای آلفـا، توسـعهٔ فـردی، رشـد و کوچینـگ[1] را گذرانـدم و دانشـگاه را شـروع کـردم. در معیـت جنـاب آقـای دکتـر شـهاب انـاری در حیطـهٔ توسـعهٔ فـردی و کوچینـگ آمـوزش دیـدم و از فدراسـیون بین‌المللـی کوچینـگ[2] مـدرک بین‌المللـی گرفتـم تـا بـه خـودم و دنیـا یـادآوری کنـم کـه خواسـتن، برخاسـتن اسـت.

زندگـی مـا همچنـان پـر از چالـش اسـت؛ افـراد بسـیاری بـه مـن و فرزندانم ضربـه زدنـد و تـلاش کردنـد مرا مجبـور کنند تا اسـم فروشـگاه را عوض کنم یـا از ایـن حیطـهٔ شـغلی خارج شـوم، اما مـن همچنـان ادامـه می‌دهم.

---

1 Coaching
2 International Coaching Federation

حالا که مسیر را مرور می‌کنم، به این نتیجه می‌رسم که خدا پازل زندگی را درست می‌سازد، فقط باید یاد بگیریم تکه‌های آن را به‌درستی کنار هم بچینیم. من که مخالف دوری از فرزندانم بودم، آن‌ها را به خارج از ایران فرستادم. آنجا آزمون و خطا کردند و یاد گرفتند چطور سرمایه‌شان را مدیریت کنند، دوری از خانواده را تحمل کنند و با مشکلاتشان مواجه شوند و این باعث رشدشان شد و به آن‌ها آموخت چگونه برای خواسته‌هایشان تلاش کنند. روزهای اولی را که مجبور بودم برای خانه خرید کنم به یاد می‌آورم؛ اینکه چطور مضطرب می‌شدم و اشک می‌ریختم، اما اجازه نمی‌دادم هیچ‌کس کارهایم را انجام دهد. از همه می‌خواستم که اگر می‌خواهند به من محبت کنند، این لطف را در حقم انجام ندهند تا یاد بگیرم بلند شوم.

در ادارهٔ دارایی آن‌قدر انگشتانم را به هم می‌فشردم که مفصل‌هایشان تا چند ساعت درد داشت. وقتی مشکلی پیش می‌آمد و پایم به تعزیرات یا دادگاه کشیده می‌شد، قلبم درد می‌گرفت، می‌ترسیدم و نمی‌توانستم حرف بزنم.

با عصای زیر پوستم ایستادم و نگذاشتم کسی متوجه خم شدنم شود. درنهایت یاد گرفتم که دیروز، صفحهٔ ورق‌خوردهٔ کتاب لیداست و هرگز برنمی‌گردد، فردا هم قصهٔ نانوشتهٔ لیداست و فقط امروز هست و این لحظه و این منم که خوب یا بد را برای خودم رقم می‌زنم. پس پذیرفتم، گذر کردم، بخشیدم، قضاوت نکردم و شاد زیستم. از تک‌تک لحظاتم لذت می‌برم و برای آینده تلاش می‌کنم؛ دردم را به‌جای رنج به رشد تبدیل می‌کنم، چون این حق مسلم من و فرزندانم است که زندگی را زندگانی کنیم، نه زنده‌مانی.

تقدیری تا انتها وجود ندارد. تقدیر ما را تا دوراهی همراهی می‌کند؛ از آنجا به بعد مسیر را خودمان انتخاب می‌کنیم.

تقدیم به روح پرارزش همسرم که عریض‌تر از طول زندگی با من عاشقانه زیست،

فرزندانم که در تنگنای زندگی کنارم بودند،

و دنیا که به من ادامه دادن را آموخت.

خواستن برخاستن است

دربارهٔ نویسنده

لیدا یوسفی صاحب یک کسب‌وکار موفق است و درزمینهٔ خریدوفروش مسکوکات طلا و طلای آب‌شده کار می‌کند. او به‌همراه پسرش مدیریت فروشگاهشان را بر عهده دارد. علاوه‌بر این، پسرش به‌همراه دوستی پرارزش بوتیکی به نام «هوانس»[1] را بازگشایی کردند که در آن برای اولین بار در ایران، کوکتل‌های دست‌ساز بین‌المللی را در کنار فینگرفود و غذاهای آماده، عرضه می‌کنند. دخترش نیز چهار سال است که در بازارهای مالی جهانی فعالیت می‌کند.

لیدا همچنین هشت سال است که به‌همراه چند نفر از دوستانش، خیریه‌ای به نام پناه را مدیریت می‌کنند و از طریق این مجموعه و با

---

1 Howans

همراهــی خیریــن، افــراد بدسرپرســت و کـودکان کار را زیر پوشـش دارنـد.

لیــدا توســط اســتادان بزرگــی در زمینه‌هــای توســعۀ فــردی، آرامـش درون، رشــد، کوچینــگ، بــاور ذهــن و قــدرت آلفــای ذهنــی آمـوزش دیـده اسـت. لیـدا در دورۀ آموزشــی فشــردۀ[1] فیوچــر پلاس[2] در اسـتانبول شـرکت کـرده و گواهینامــۀ ایــن دوره را دریافــت کــرده اســت. او همچنیــن در دوره‌هـای کوچینـگ دکتـر شــهاب انــاری نیــز شــرکت کــرده و تحـت آمـوزش ایشـان، از فدراســیون بین‌المللــی کوچینــگ موفــق بــه کسـب مــدرک بین‌المللـی کوچینـگ شـده اسـت.

اکنــون ســه ســال اســت کــه لیــدا تجربه‌هــای زیســته و آموخته‌هایــش را بــا افــرادی کــه در زندگی‌شــان نیازمنــد تغییــر و آرامــش هســتند بــه اشـتراک می‌گـذارد و خـدا را شـاکر اسـت کـه تـا بـه اینجـا موفـق بـوده اسـت. او معتقـد اسـت آموختـن انتهایـی نـدارد و تـا همیشـه بایـد آموخت.

لیـدا عاشـق دوسـت داشـتن دیگـران و کمـک کـردن بـه آن‌هاسـت و بـی هیـچ چشم‌داشـتی حـراج محبـت می‌کنـد، چـون معتقـد اسـت مـا همـه خاطره‌ایــم. او از شــادی دیگــران شــاد می‌شــود و آرزوی قلبــی‌اش ایـن اسـت کـه بتوانـد در جهـت تغییـر و رشـد خـودش و دنیـا گامـی بـردارد.

راه‌های ارتباط با نویسنده:

✉ lidaysf52@gmail.com
📷 @lidaaa52

---

1 Boot Camp
2 Future Plus